Helmut Klages

Wertedynamik

Helmut Klages

Wertedynamik

Über die Wandelbarkeit des Selbstverständlichen

EDITION INTERFROM

CIP-Kurztitelaufnahme der Deutschen Bibliothek

Klages, Helmut:
Wertedynamik: Über die Wandelbarkeit des Selbstverständlichen /
Helmut Klages. - Zürich: Edition Interfrom;
Osnabrück: Fromm, 1988.
(Texte + [und] Thesen; Bd. 212)
ISBN 3-7201-5212-X

Vertrieb für die Bundesrepublik Deutschland:
VERLAG A. FROMM, Osnabrück
Gestaltung: Zembsch' Werkstatt, München
Gesamtherstellung: Druck- und Verlagshaus Fromm, Osnabrück

Inhalt

Vorwort

Mit dem vorliegenden Buch knüpft der Autor an mehrere vorangegangene Veröffentlichungen zur selben Thematik an. Daß er es ihnen nachfolgen ließ, hat verschiedene Gründe.

Einmal erschien es naheliegend, sich nicht mit dem bisherigen Öffentlichkeitserfolg des Begriffs des „Wert(e)-Wandels" zufriedenzugeben, sondern ihn als eine Ausgangsbasis für notwendige weitere Klärungen zu nutzen. Insbesondere gewisse Neigungen bei der Verwendung dieses Begriffs mußten dem empirischen Sozialforscher als eine Herausforderung erscheinen. Ein wesentliches Ziel des Buches besteht dementsprechend darin, klareren Vorstellungen über die Beschaffenheit und die Folgen der Wertedynamik in unserer Gesellschaft den Weg zu bereiten. Wie sich hierbei zeigt, führen gangbare Verbindungswege von der wissenschaftlichen Analyse zur Praxis des Handelns. Diese müssen allerdings sorgfältig ausgelotet werden, um von Sackgassen unterschieden werden zu können. Indem sich das Buch eine solche Aufgabe stellt, erweist es sich als ein Aufklärungsbuch eines Forschers für den Nichtfachmann (oder die Nichtfachfrau).

Das Buch enthält nichtsdestoweniger aber auch — ungeachtet der verhältnismäßig lockeren Sprache, in der es abgefaßt ist — eine Vielzahl von Angeboten für diejenigen Fachkollegen, die sich (aus welchen Gründen auch immer) dem Gegenwartsphänomen einer forcierten Wertedynamik gegenüber noch immer als spröde erweisen. Der Autor stellt hiermit die These auf, daß ohne den immer wiederholten Rekurs auf die Wertedynamik die gegenwärtige Gesellschaft nicht angemessen verstanden werden kann. Falls diese These als eine Herausforderung verstanden wird, hat sie ihren Zweck schon halb erfüllt. Letztlich war das Buch für den Autor aber auch ein persönliches Anliegen, da er das Nebeneinander einer verhältnismäßig asketischen empirischen Wertforschung und einer überschäumenden öffentlichen Rezeption des Wertwandlungsparadigmas öfters als einen schwer erträglichen Widerspruch empfand. Der hier vollzogene sehr entschiedene Ausbruch aus den — oft etwas künstlichen — Sicherheiten einer methodisch gut abgeschirmten empirischen Beobachtungsstation in die „Wildnis" der umgebenden Wirklichkeitsfülle war für ihn überfällig. Er legt aber Wert auf die Feststellung, daß er auch bei der Abfassung dieses Bandes darauf bedacht war, die den Rückweg zu diesen Sicherheiten markierenden Wegeschilder nicht aus den Augen zu lassen. Der „empirische Epilog" am Ende des Bandes verrät dies ja ohnehin.

Es liegt dem Autor am Herzen, seinen Mitforschern und -arbeitern Gerhard Franz und Willi Herbert wie auch manchen Kollegen und Kolleginnen zu danken, die ihn — wissentlich oder unwissentlich — mit ihren Anregungen bei der Ideenfindung und -durchführung unterstützt haben. Auch der Dank an die eigene Ehefrau sei nicht vergessen, die während einiger Monate eine intensive Wochenendklausur tolerierte.

Speyer/Heidelberg, im August 1988

Helmut Klages

Einführung

Der Fundamentalcharakter des Wertwandels

Vom „Wertwandel" (oder „Wertewandel") wird seit geraumer Zeit zunehmend häufig gesprochen. Man nimmt ihn als Erklärungsprinzip für eine beträchtliche Anzahl gesellschaftlicher Veränderungen in Anspruch, handle es sich hierbei nun um zeitweilige Unruheerscheinungen in der Jugend, um den Wandel der Einstellungen zur Arbeit, um die emanzipatorischen Bestrebungen der Frauen oder auch um verwirrende Entwicklungen im Bereich der „politischen Kultur". Die Bezugnahme auf den Wertwandel vermittelt in allen diesen und vielen anderen Fällen die Möglichkeit, Unterschiedliches und scheinbar Getrenntes auf einen gemeinsamen Herkunfts- und Bedeutungsnenner zu bringen. Hierdurch wird dem *Orientierungsbedürfnis* Genüge getan, das heute mehr denn je mit einem Bedürfnis nach Übersichtlichkeit und Einfachheit Hand in Hand geht. Gleichzeitig eröffnet sich aber auch eine überraschende Möglichkeit zu einem *Brückenschlag zwischen Theorie und Praxis*, denn vom Wertwandel sprechen auch ernst zu nehmende Wissenschaftler, deren Vorliebe für Komplexität höher ist als die der Durchschnittsmenschen.

Die Bereitwilligkeit sehr vieler Menschen, vom „Wertwandel" zu sprechen und die mit seiner Sichtung verbundenen Chancen für ein vereinfachtes Wirklichkeitsbild zu nutzen, kontrastiert allerdings häufig mit einer deutlichen Neigung, an einem herkömmlichen Wertverständnis festzuhalten, sobald von den „letzten" oder den „wahren" Werten die Rede ist, oder sobald auch nur die jeweils eigenen Werte ins Spiel kommen. Selbst diejenigen Menschen, deren Werte sich im Verlauf des allgemeinen Wertwandels mit einiger Sicherheit stark geändert haben, werden nur selten dazu bereit sein, dies öffentlich zu deklarieren oder auch nur im kleineren Kreise zuzugeben.

Bei näherem Hinsehen wird man feststellen können, daß sie auch sich selbst einen solchen Wandel nur ungern eingestehen. Es wird hieran einerseits erkennbar, daß wir mit dem sprachlichen Ausdruck „Wert" ungeachtet des Wertwandels auch heute noch die Vorstellung von etwas schlechthin Verbindlichem verknüpfen. Andererseits wird hieran aber auch deutlich, daß wir den Besitz von Werten mit der Intaktheit der persönlichen „Identität" in Verbindung bringen, die wir uns ihrerseits gern als unwandelbar vorstellen. Es wird somit von einer psychologischen Seite her verständlich, wieso manchmal auch die Bedeutung des Wertwandels abgewertet wird, indem man meint, er habe eigentlich doch wohl nicht die zentralen Wertbereiche erreicht, oder er sei vielleicht auch nur als eine temporäre Abweichung vom „Normalen" anzusehen, so daß man ihn letztlich vielleicht doch gar nicht allzu ernst zu nehmen brauche.

Der Einstieg in die Thematik der Wertedynamik kann allerdings auf dem Hintergrund solcher Vorbehalte und Wahrnehmungsabschottungen nicht erfolgversprechend vollzogen werden, sondern setzt vielmehr die Einsicht in den *Fundamentalcharakter des Wertwandels* zwingend voraus.

Dem Leser sei bereits an dieser Stelle ein Experiment angeboten, das er an sich selbst vollziehen kann, um zu eben dieser Einsicht zu gelangen. In der nachfolgenden Tabelle erscheint eine Liste mit Werten, die man — mit einem Bleistift ausgestattet — selbst auf die Frage hin bewerten kann, ob sie auch heute noch gelten. Man braucht dazu nur in jeder Zeile an der entsprechenden Stelle ein Kreuz zu machen, wobei jeweils insgesamt sieben Auswahlmöglichkeiten zur Verfügung stehen:

Werte- bezeichnung	Grad der gesellschaftlichen Geltung der einzelnen Werte in der heutigen Zeit						
	sehr niedrig						sehr hoch
1. Mäßigkeit	O	O	O	O	O	O	O
2. Gelassenheit	O	O	O	O	O	O	O
3. Disziplin	O	O	O	O	O	O	O
4. Demut	O	O	O	O	O	O	O
5. Gehorsam	O	O	O	O	O	O	O
6. Weisheit	O	O	O	O	O	O	O
7. Tapferkeit	O	O	O	O	O	O	O
8. Bescheidenheit	O	O	O	O	O	O	O
9. Aufrichtigkeit	O	O	O	O	O	O	O
10. Ehre	O	O	O	O	O	O	O

Das Ergebnis des Tests vorherzusagen, fällt nicht schwer, und der Leser mag meinen, daß sich der Autor die Sache allzu leicht gemacht hat, indem er ausschließlich besonders evidente Fälle einer Werteverschiebung zusammengesucht hat.

In Wahrheit handelt es sich bei allen angegebenen Werten aber um solche, die unter früheren Gesellschaftsbedingungen als die eigentlich fundamentalen galten, so unter anderem auch um die berühmten „Platonischen Tugenden".

Der Beginn der Abwertung dieser ehemals zentralen Werte im Bereich des philosophischen Denkens liegt schon längere Zeit zurück und läßt sich seit der Philosophie der europäischen Aufklärung sehr deutlich nachverfolgen.

Auf der Ebene der im gesellschaftlichen Alltag in Kraft befindlichen sozialen Selbstverständlichkeiten ist dieser Abwertungsvorgang allerdings erst wesentlich jüngeren Datums. Er fällt mit wichtigen seiner Teile noch in diejenige Zeit hinein, in der die heute 35- bis 40jährigen aufwuchsen, d. h. also in unsere *jüngste Vergangenheit.* Daß dieser Vorgang gegenwärtig immer noch in Gang ist, kann der Leser — falls er Vater oder Mutter ist — unschwer nachprüfen, indem er seine Kinder das Experiment wiederholen läßt. Er wird dann mit ziemlicher Sicherheit feststellen können, daß deren Kreuze in der Mehrzahl der Fälle mehr oder weniger weit links von den seinen zu liegen kommen, d. h. also die Annahme einer noch niedrigeren Wertegeltung anzeigen.

Ein Rückblick auf „wertintegrierte" Lebenssysteme

Daß „Werte" von denen, die sie selbst besitzen, normalerweise als verbindliche Wegweiser zum richtigen Denken, Verhalten und Leben — oder auch schlicht als Inbegriff des selbstverständlicherweise Richtigen — angesehen werden, können wir als eine allgemeine Erfahrungstatsache festhalten. Daß Werte nichtsdestoweniger — zumindest in unserer Gegenwart — in einem Wandel sind, gehört zu den besonders folgenreichen Hypotheken, von denen unser modernes, in vieler Beziehung so fortschrittliches Leben belastet ist. Denn wer sich einem Wertwandel stellen muß oder ihm ausgeliefert ist, gerät in Orientierungsprobleme, deren Lösung nicht immer leicht fällt — es sei denn, er kann sich als ganz junger Mensch, der gerade dabei ist, „seine" Werte auszubilden, von vornherein mit dem Neuen, das gerade ankommt, identifizieren.

Blicken wir zunächst einmal in die *fernere Vergangenheit* — so etwa in das europäische Hochmittelalter — zurück, dann können wir erkennen, wie völlig anders die Situation damals war. Werte waren die allgemein anerkannten normativen Mittelpunkte einer alle Gebiete des Lebens überspannenden Ordnung, die von einer zentralen Institution — der Kirche — getragen, von allen anderen Mächten und Einrichtungen aber anerkannt und mitvollzogen wurden. Von den Menschen wurde erwartet, daß sie die christlichen Lebenswerte in jeder Lebenslage, in jedem Alter und in jedem Beruf in einer den jeweiligen Verhältnissen entsprechenden Ausformung respektierten, ja noch mehr: aktiv nachvollzogen und verinnerlichten. Man kann ohne weiteres sagen, daß es zu den typischen Merkmalen älterer Gesellschaften gehört, daß sie *wertintegrierte Lebenssysteme* waren. Die in sich selbst hochgradig systematisierten und präzise ausgeformten Werte waren gewissermaßen die organisierenden Mittelpunkte der gesamten Lebensordnung, die insbesondere hierdurch ihren „Ordo"-Charakter erhielt. Das Leben vollzog sich innerhalb des Leitgerüsts der zentralen Werte in geordneten Bahnen — auch wenn es damals noch sehr viel weniger Rechtsnormen gab als heute. Es dominierte dank der organisierenden Mittelpunktsfunktion der Werte eine sehr weitgehende Innensteuerung des Verhaltens auf der Grundlage bestimmter von allen geteilter Selbstverständlichkeiten, die nicht nur geistiger, sondern weitgehend auch sozialer Art waren.

Daß die älteren Gesellschaften typischerweise in ihren Grundstrukturen und -verhältnissen *stationär* waren, ist in die bei den Werten ansetzende Beschreibungsformel allerdings mit einzurechnen. Die Herrschaft verinnerlichter, durch feststehende Normen stabilisierter und sanktionierter Selbstverständlichkeiten brachte es notwendigerweise mit sich, daß ein gesellschaftlicher Wandel nur in begrenzten Bereichen stattfinden konnte. Zum Kriegführen und Erobern war zwar Platz, aber es änderte sich, pointiert ausgedrückt, hierdurch nicht sehr viel.

Bedingungen des Wertwandels: Ein erster Blick

Fragen wir uns — ohne uns allzu tief auf geschichtliche Details einzulassen —, wie sich der Übergang von solchen Gesellschaftszuständen zu unserer heutigen, durch Wertwandel charakterisierbaren Gesellschaft vollzog, dann haben wir zuallererst an die *religiösen Schismen* zu denken, durch die in Europa die über Jahrhunderte hinweg vorhandene einheitliche christliche Welt- und Lebensordnung schwer erschüttert und relativiert wurde. Die aufkommenden Religionskriege waren einschneidender und zerstörerischer Art, und man kann es als eine Konsequenz dessen ansehen, daß die gerade in dieser Zeit entstehenden modernen Staaten die vormals herrschenden religiösen Gemeinschaftsfundierungen zurückdrängen und die ihnen selbst innewohnenden rationalen Bedürfnisse in den Vordergrund rücken konnten. Die nachfolgenden Säkularisationen hatten hierin wiederum ihre Grundlage. Zusätzliche Impulse einer Aufbrechung der alten Ordnungen brachte die *europäische Aufklärung* mit ihren neuen Leitwerten der Toleranz und der Geistes- und Gewissensfreiheit mit sich, die in erster Linie aber die Legitimierung einer Emanzipation der Menschen von den überkommenen inneren und äußeren Autoritäten und die Privatisierung der individuellen Lebenszielsetzungen und -orientierungen meinten.

In einer Fortbildungsveranstaltung für Beamte des höheren Dienstes erklärte dem Autor vor einiger Zeit ein Teilnehmer: „Warum reden wir eigentlich so viel über die Werte; was Werte sind, das steht doch im Grundgesetz." Eben dies ist aber in Wirklichkeit nicht der Fall. Wie jeder bestätigen wird, der das Grundgesetz der Bundesrepublik Deutschland zuverlässig kennt, steht in seinem Mittelpunkt ein Zentralwert der menschlichen „Würde", der aber seinerseits in erster Linie durch einen Katalog von Grundrechten konkretisiert wird, welche Sphären der inneren und äußeren Selbstbestimmung des Individuums aus den Zugriffsbefugnissen des Staates ausgrenzen. Das Grundgesetz ist zwar, wie die Verfassungstheoretiker sagen, „wertgebunden", aber es strebt nicht die Einbindung des einzelnen in eine wertgesättigte, Sinn-, Zweck- und Aufgabengehalte des Lebens wie auch dessen Ablaufformen festlegende Lebensordnung an. Die obersten Werte, die es enthält, sind vielmehr umgekehrt gerade solche, welche die staatlichen Institutionen daran hindern, zu einer solchen Einbindung überzugehen.

Man muß in die historischen Bedingungen der heutigen Freigabe der individuellen Lebenswerte nun aber darüber hinaus auch diejenigen vielfältigen *Autonomisierungen der Lebenssphären* und der mit ihnen verbundenen gesellschaftlichen Subsysteme einrechnen, die sich in Europa seit dem 18. Jahrhundert eingestellt haben.

Wieder hilft uns ein Blick auf das Grundgesetz der Bundesrepublik Deutschland weiter. Nicht nur der einzelne, auch Religion, Kunst und Wissenschaft, Forschung und Lehre sind frei. Dasselbe gilt für die Presse wie auch für Funk und Fernsehen, aber letztlich natürlich auch — innerhalb gewisser Schranken — für die Wirtschaft. Mit all diesen Bestimmungen werden Änderungen der Lebensordnung bestätigt, die zur Aufsprengung der ehemaligen, durch eine übergreifende Wertgeltung charakterisierten (und somit wertintegrierten) Ordnung beitrugen. Was der einzelne Mensch heute an Wertgehalten über das Medium Fernsehen wie auch über diejenigen Bücher in sich aufnimmt, die er im Buchladen an der Ecke kauft, hat nach unserem Gesellschaftsverständnis nichts mit irgendwelchen allgemeinverbindlichen Vorstellungen über Gutes, Richtiges und Wertvolles im gesellschaftlichen Leben zu tun. Wir sind sogar stolz darauf, daß dies so ist. Der einzelne ist auf dem Gebiet der Herausbildung von Werten zur Selbstbestimmung — oder auch zur Wahl von Gesinnungsgemeinschaften, die ihm diese schwierige Aufgabe erleichtern — freigesetzt.

Das staatlich geordnete gesellschaftliche System selbst verhält sich insoweit *wertneutral*, ist also nicht mehr wertintegriert. Es hilft sich, was die Steuerung des individuellen Verhaltens anbelangt, durch den Erlaß von *Rechtsnormen*, die aber nicht notwendigerweise im Sinne von Werten verinnerlicht zu werden brauchen, denen vielmehr bereits dann Genüge getan wird, wenn sie „beachtet" werden, und die sich auch in einem zunehmenden Maße mehr an den Sachverstand wenden als an das Wertbewußtsein (oder an das Rechtsbewußtsein) der Bürger.

Philosophische Zugänge zum Thema

In demjenigen ausgedehnten Vorfeld der modernen Wissenschaftsentwicklung, in dem noch keine empirische Forschung im heutigen Sinne existierte, stoßen wir auf eine bis in die griechische Antike und weiter zurückreichende Beschäftigung der Philosophie mit den Werten. Für die ältere Philosophie war die Frage nach den Werten neben den Fragen nach dem Sinn des Lebens und der Beschaffenheit der Welt immer eine der klassischen Grundfragen überhaupt gewesen. Das Thema der Wandelbarkeit der Werte war allerdings über Jahrtausende hinweg nicht gefragt. Warum dies so war, können wir nach den vorangegangenen Seiten schon beantworten: weil ein Wertwandel im heutigen Sinne als erfahrbarer Sachverhalt nicht existierte. Man sah zwar deutliche Spannungsverhältnisse zwischen den „ewigen" Werten und denjenigen Werten, denen die Menschen im Alltag folgten, aber es handelte sich hierbei eher um Abweichungen vom Pfad des Richtigen, denen man mit einer „Ethik" beikommen konnte. Das Platonsche Höhlengleichnis beleuchtet diese Position der älteren Philosophie eindringlich. Die Situation des Menschen wurde hier als die eines Höhlenbewohners gekennzeichnet, der von der Wahrheit durch massive Felswände getrennt ist, über denen aber die ewigen Sterne (lies: Werte) unverrückbar strahlen.

Es gab allerdings einen Punkt der Philosophieentwicklung, an dem das Thema der Wandelbarkeit der Werte unüberhörbar in Erscheinung trat. Im 18. Jahrhundert entfaltete sich — mit dem frühen Vorläufer G. Vico — eine *Geschichtsphilosophie*, die davon ausging, die Menschheit sei auf einem Entwicklungsweg, in dessen Verlauf sich u. a. auch ihr geistiger Habitus ständig verändere.

Daß diese Vorstellung teils (im Sinne der Philosophie der Aufklärung) als eine Stufenfolge der Höherentwicklung, teils aber auch als ein sich immer wiederholender Kreislauf gekennzeichnet wurde, soll uns hier nicht interessieren. Wichtiger ist im vorliegenden Zusammenhang, daß sich der geschichtsphilosophische Denkansatz verschiedentlich mit einer Lehre verband, derzufolge sich die belangvoll erscheinenden Veränderungen zusammenfassend als *Wandel von Kulturen* begreifen lassen sollten. Wir können uns O. Spengler und A. Toynbee, weiter aber zum Beispiel auch den Soziologen P. Sorokin als neuere Vertreter dieser Position vor Augen führen. Die Werte kommen hier unmittelbar als wesentliche Elemente und Träger des Wandels ins Spiel. Der geschichtliche Ablauf wird als eine Aufeinanderfolge von Kulturstadien begriffen, die sich insbesondere durch unterschiedliche Wertsysteme charakterisieren lassen. Der Übergang von einem Kulturstadium zu anderen — und damit auch von einem Wertsystem zu einem nachfolgenden andersartigen — wird definitiv als „Kulturwandel" oder als „kulturelle Dynamik" angesprochen. Wir sind unserem Thema hier also bereits unmittelbar auf der Spur.

Bei verschiedenen Geschichtsphilosophen und geschichtsphilosophisch ansetzenden Soziologen der zurückliegenden Zeit finden wir nun die Vorstellung, die Gegenwart befinde sich unmittelbar auf der Kippe des Übergangs von einem Kulturstadium zu einem anderen und sie lasse sich von daher als eine *Übergangszeit* oder auch, schärfer ausgedrückt, als *Krise* charakterisieren. Es eröffnet sich auf dem Hintergrund dieser heute nach wie vor virulenten Vorstellung die Möglichkeit, *alte und neue Werte* zu unterscheiden und sie gegebenenfalls auch negativ oder positiv, als antiquiert, rückständig und entwicklungsschädlich oder aber als fortschrittlich und weiterführend oder einfach als unvermeidlich und menschheitserrettend zu bewerten.

Von hier aus führt aber ein direkter Weg zu der heute weltweit im Vordringen befindlichen New-Age-Literatur- und -Lehre, die teils unmittelbar an die ältere Geschichtsphilosophie und -soziologie anknüpft. In dem fast schon zum Kultbuch gewordenen Buch „Wendezeit" von F. Capra können wir die folgende Passage finden: „Die Umwälzung, in der wir uns heute befinden, könnte weitaus dramatischer werden als alle vorangegangenen, weil die Veränderungen heute umfassender anfallen und den ganzen Erdball betreffen und weil mehrere größere Umwälzungen zeitlich zusammenfallen ... Kulturelle Umwälzungen dieser Größenordnung und Tiefe lassen sich nicht verhindern. Man sollte sich ihnen nicht entgegenstellen, sondern sie im Gegenteil als einzigen Ausweg aus Agonie, Zusammenbruch oder Mumifizierung begrüßen. Um uns auf den bevorstehenden großen Übergang vorzubereiten, müssen wir die wichtigsten Prämissen und Werte unserer Kultur tiefgreifend überprüfen, jene Begriffsmodelle ablehnen, die ihre Nützlichkeit überlebt haben, und einige Werte wiederbeleben, die in früheren Perioden unserer Kulturgeschichte beiseite geschoben wurden."

Die Perspektive des Wertwandels verbindet sich hier mit der Vision einer weltgeschichtlichen Zäsur und mit einem beschwörenden Aufruf zum Handeln, in dessen Zentrum ein Programm der Übernahme und Vertretung veränderter Werte steht, die der Menschheit das Überleben gestatten. (Daß es sich hierbei im wesentlichen um ökologische Werte handelt, soll an dieser Stelle nur in Klammern hinzugefügt werden.)

Wege zur empirischen Wertforschung

Von einer solchen Zeitdiagnose, die den prophetischen Ton nicht verschmäht, scheint kaum eine gangbare Brücke zu derjenigen empirischen Wertforschung zu führen, die sich innerhalb der letzten Jahrzehnte entwickelt hat.

Und doch ist diese Brücke — in einer sehr gangbaren Form sogar — vorhanden. Man findet einen leichten Zugang zu ihr, wenn man sich den Arbeiten von Ronald Inglehart zuwendet, desjenigen bekannt gewordenen amerikanischen Sozialforschers also, der in den 70er Jahren sein Buch „The Silent Revolution" veröffentlichte, in dem er als einer der ersten den aktuellen Wertwandel unter Zugrundelegung eigener empirischer Forschungen beschrieb.

Man muß allerdings, wenn man diese Brücke finden will, zunächst einen typischen Unterschied zwischen der traditionell begründeten Analyse des kulturellen und gesellschaftlichen Wandels und Übergangs und der mit Befragungen repräsentativer Bevölkerungsquerschnitte arbeitenden empirischen Wertforschung registrieren und angemessen verorten. Während die erstere Analyse langfristige Wandlungen kompletter Kultur- und Gesellschaftssysteme unter massivem Rückgriff auf theoretische Überlegungen verfolgt, beschäftigt sich die letztere mit den *Wandlungen der individuellen Wertorientierungen*, die sich bei den einzelnen Menschen feststellen lassen, ohne zunächst viel nach den Systemzusammenhängen zu fragen, in denen sie sich abspielen.

Die Ermutigung zu diesem öfters als „theorielos" bezeichneten Vorgehen steckt allerdings bereits in der auf den ersten Blick so andersartig anmutenden traditionsbegründeten Geschichtsphilosophie und -soziologie selbst: Es findet sich dort verschiedentlich der Gedanke, der Übergang von einem Wertsystem zu einem anderen werde in der Regel nicht von den etablierten Institutionen und Strukturen, sondern vielmehr von schöpferischen Minoritäten eingeleitet, die sich oft gegen das Establishment stemmen müßten. Stimmt man diesem Gedanken zu und setzt man ihn mit den Mitteln der empirischen Sozialforschung in die Tat um, dann gelangt man aber tatsächlich mit einiger Konsequenz zu einer voraussetzungslosen Empirie, die nach Wertwandlungen in der Bevölkerung fragt und sie nach ihrer Auffindung als einen Wegweiser verbindlicher Art interpretiert.

Es ist aber exakt dieser Zusammenhang, der sich bei R. Inglehart auffinden läßt. Inglehart entdeckte nämlich bei seinen Forschungen seit dem Beginn der 70er Jahre eine aktuelle Wertwandlungstendenz, die er bekanntermaßen als Wandel von „materialistischen" zu „postmaterialistischen" Werten kennzeichnete und deren Häufung er bei jungen Menschen mit einem gehobenen Bildungsniveau fand, die er ohne weiteres als die Speerspitze eines voraussichtlich die gesamte Gesellschaft ergreifenden — letztlich auch positiven, weil unvermeidlichen — Wertwandels verstehen wollte.

Man kann sich zu dieser Kernaussage, die an dieser Stelle nicht weiter erläutert werden soll, die gesamte neuere und ältere Geschichtsphilosophie und -soziologie hinzudenken, ohne daß hierbei — entgegen dem ersten Anschein — ein substantieller Bruch sichtbar wird.

Ein solcher substantieller Bruch hat sich nun allerdings inzwischen an einer gänzlich anderen Stelle (und gewissermaßen a tergo) eingestellt, nämlich dort, wo sich eine nicht in geistesgeschichtlichen Denktraditionen wurzelnde und (noch) nicht von New-Age-Vorstellungen erfaßte, wirklich voraussetzungslose und in dieser Richtung rigorose empirische Wertwandlungsforschung mit den Forschungsansätzen und -ergebnissen R. Ingleharts beschäftigte, um sie einer kritischen Kontrolle zu unterwerfen.

Die Ergebnisse der empirischen Inglehart-Kritik, die mittlerweile schon Bände füllen, lassen sich in zwei Gruppen zusammenfassen:

Erstens gibt es inzwischen eine Fülle von Forschungsresultaten, aus denen man ablesen kann, daß es einen vom „Materialismus" zum „Postmaterialismus" verlaufenden Wertwandel, wie ihn Inglehart als epochemachendes Zeitereignis hinstellen wollte, in der kulturellen Dynamik der Gegenwart allenfalls als ein Spurenelement und als eine temporäre Erscheinung gegeben hat, auf die sich kaum eine Theorie des säkularen Wandels aufbauen läßt.

Zweitens gibt es inzwischen aber umgekehrt auch eine Fülle von Informationen, die anzeigen, daß die Inglehartsche Frage nach einem aktuellen Wertwandel keinesfalls per se unfruchtbar war, sondern nur an Mängeln des Untersuchungsinstrumentariums wie auch wahrscheinlich an einem allzu einengenden Vorverständnis und den aus ihm herleitbaren Deutungs-Scheuklappen scheiterte. Mit dieser zweiten Reaktion auf das Phänomen Inglehart verbindet sich die Folgerung, daß eine aktuellen Veränderungen nachgehende Wertwandlungsforschung an und für sich ein äußerst ertragversprechendes Unternehmen ist, das sehr maßgeblich zum Verständnis unserer gegenwärtigen Gesellschaftssituation beizutragen vermag. Selbst die Absicht, aus den Ergebnissen der Forschung Folgerungen für die existentielle Selbstverständigung in unserer Zeit und für die Gewinnung eines handlungsleitenden Orientierungswissens abzuleiten, braucht offenbar nicht aufgegeben zu werden, wenn nur gewisse Weiterentwicklungen der Forschung vollzogen werden.

Diese Weiterentwicklungen dürfen nun allerdings ganz offensichtlich gar nicht mehr ausschließlich unter das schmale Banner einer Inglehart-Kritik gestellt werden, die ihrerseits bei manchen Wertforschern heute bereits schon wieder zu einer Art ritueller Übung ohne weiterführenden Erkenntniswert zu werden beginnt. Vielmehr bedarf es zum Zweck der Ermöglichung dieser Weiterentwicklungen einer weiter ausholenden kritischen Reflexion des „state of the art" der Wert- und Wertwandlungsforschung insgesamt, aus der natürlich dann auch die Inglehart-Kritik nicht ausgespart werden kann.

Aktuelle Fragen der Forschung

Angesichts der schnellen und kräftigen gesellschaftlichen und politischen Rezeption, die die Wertwandlungsforschung in den zurückliegenden Jahren erlebte, unterlag sie unvermeidlicherweise Zwängen, aktuellen Informations- und Selbstverständigungsinteressen sehr weitgehend entgegenzukommen, d. h. solche Fragen zunächst auszuklammern oder zurückzuschieben, die diesen Interessen scheinbar weniger — oder in einer schwerer erkennbaren Weise — entsprachen.

Praktische Verwertungs- und Verständigungsbedürfnisse vereinigten sich in den zurückliegenden Jahren insbesondere an zwei Punkten mit gewissen Neigungen zur Eingrenzung, die aus den Alltagsnöten der empirischen Sozialforschung entsprangen.

Erstens zwangen sowohl die Datenlage wie auch Wünsche nach aktuellen Informationen zur *Konzentration auf den Zeitraum der 50er bis 80er Jahre*, d. h. also auf denjenigen Zeitraum, in welchem sich die Entwicklung der Bundesrepublik vollzog. Aber das Zusammenwirken der in die Vergangenheit hinein immer schmaler werdenden Datengrundlagen und der auf Aktualität drängenden Interessenlagen führten darüber hinaus dazu, daß die 50er Jahre nur in seltenen Fällen in Analysen einbezogen wurden und daß selbst Analysen, die bei den 60er Jahren einsetzten, verhältnismäßig selten blieben. In der Mehrzahl der Fälle wurden Wertwandlungsdiagnosen schlicht mit der Präsentation gerade eben erhobener und frisch aus der Auswertung kommender Daten verbunden, ohne daß es überhaupt zu Zeitvergleichen auf empirischer Grundlage kam. An zweiter Stelle folgten Zeitvergleiche, die auf der Grundlage sehr weniger Vergleichszeitpunkte vorgenommen wurden. Erst an dritter Stelle folgten — mit großem Abstand — Studien, die sich der intensiveren Untersuchung der Veränderung von Werten im Zeitablauf zuwandten. Auch diese Studien überschritten im Rückgriff auf vergangene Stadien der Entwicklung aber nirgends diejenige Zeitgrenze, die sich aus dem Zusammenwirken von Datengesichtspunkten mit Aktualitätsinteressen herauskristallisiert hatte.

Zweitens ergaben sich — aus derselben Koalition einwirkender Ursachen und Kräfte heraus — nun aber auch Einschränkungen thematischer Natur. Der Wertwandel wurde grob gesagt dort angegangen, wo er am eindeutigsten und demonstrativsten erkennbar war, nämlich bei den Rangplatzverschiebungen, die ganz bestimmten im Brennpunkt des Wandels stehenden Werten zukamen.

Sublimere, nichtsdestoweniger aber ebenfalls sehr wichtige Qualitäten der Wertkultur wie der Prägnanz- oder Entschiedenheitsgrad von Werten, die Dichte und Festigkeit der gegenseitigen Verbindung von Werten, die Verankerung von Werten in der menschlichen Identität und vor allem auch die Stabilität bzw. Schwankungsanfälligkeit und Instabilität von Werten wie auch das gegenseitige Verhältnis individueller Wertorientierungen und „institutionalisierter", im gesellschaftlichen Normengefüge zum Ausdruck gelangender Werte blieben weitgehend unbeachtet.

Zusammengenommen trugen die beiden Abkürzungs- und Vereinfachungstendenzen dazu bei, daß verschiedentlich verhältnismäßig schlicht gelagerte Vorstellungen über den Wertwandel in Umlauf kommen konnten. Nur so zum Beispiel konnte zeitweilig die schon erwähnte, ursprünglich auf R. Inglehart zurückgehende, ungeheuer eingängige, wenngleich stark simplifizierende und vereinseitigende Vorstellung um sich greifen, der Wertwandel bestehe in einer Substitution von „materialistischen" durch „postmaterialistische" Werte.

Charakteristischerweise wurden solchen suggestiven Worthülsen in der öffentlichen Diskussion unterschiedliche Auslegungen zuteil, so daß voneinander abweichende, oft auch ideologisch aufgeladene Bilder vom Wertwandel entstehen konnten. Die Wertwandlungsrezeption wurde weiterhin auch dadurch belastet, daß die Vorstellung einer Ersetzung bestimmter Werte durch andere die Auslegung begünstigte, es handle sich um einen linearen Veränderungsvorgang, den man aus einer unbestimmt bleibenden Vergangenheit über die Gegenwart hinweg in die Zukunft hineinverlängern könne. Es wurden hierdurch aber bloßen Rückwärtsstabilisierungen bekenntnishaft vertretener Formeln wie auch ihrer pseudowissenschaftlichen Umwandlung in verbindliche Handlungsleitlinien Tür und Tor geöffnet.

In der Zwischenzeit wurde nun allerdings eine *Differenzierung der Wertwandlungsforschung und -diskussion* eingeleitet, die derartigen Vergröberungen und Verzerrungen der realen Vorgänge zunehmend den Boden entzieht. Dieser einmal in Gang gekommene Differenzierungsvorgang beginnt gegenwärtig bereits eine Eigendynamik zu entwickeln, die darauf abzielt, bisher ausgeklammerte Möglichkeitsräume der Wert- und Wertwandlungsanalyse Schritt für Schritt zu erschließen. Man kann die These aufstellen, daß sich erst im Vollzug dieser Bewegung das schon vor längerem formulierte Versprechen der Wertwandlungsforschung realisieren kann, zu einem *Integrationszentrum der Gesellschafts- und Kulturanalyse* zu werden (Kmieciak, 1976).

Überraschende Erträge bisheriger Forschungen fungieren hierbei als Auslöser kritischen Fragens und ungeduldigen Überschreitens vormaliger Grenzen des Erkennens. So haben sogenannte Panel- und Kohortenanalysen das Ergebnis erbracht, daß es ganz offenbar (ursprünglichen Erwartungen eklatant widersprechend) eine sehr beträchtliche Fluktuation individueller Wertorientierungen im Zeitablauf wie auch Schwankungen der Mengenanteile von Werten auf der sogenannten Aggregatebene gibt. Es wird schon an diesem einen kontraintuitiven Ergebnis deutlich, daß grundlegende Vorstellungen von der Natur des Wertwandels, von denen man bisher noch unbesehen ausgehen zu können glaubte, revisionsbedürftig sind, ja daß selbst diejenigen Vorstellungen von der Natur der Werte selbst, die man in den bisherigen Forschungen noch als selbstverständlich unterstellt hatte, überprüft werden müssen.

Eine solche Ausweitung der Fragestellung in den Kontext von Wertwandlungsvorgängen hinein erzwingt nun allerdings, so scheint es, die Ausweitung der Beobachtungsbasis auf den beiden vorhin angesprochenen Dimensionen der sich ins Historische hinein verlängernden Zeitachse und der bisher sehr weitgehend ausgeklammerten Qualitäten von Werten und Wertwandlungen.

Auf den nachfolgenden Seiten wird ein erster noch tastender Versuch in dieser Richtung unternommen, dessen Ergebnis in einer Skizze der Wertveränderungen, -entwicklungen und -wandlungen in Deutschland seit dem Beginn des Zweiten Deutschen Reiches besteht. Die historisch ansetzende Analyse wird im weiteren Verlauf in eine Diagnose gegenwärtiger systemdynamischer Gegebenheiten und Problemlagen in der Bundesrepublik ausgeweitet.

Wenn man so will, dann handelt es sich bei dem anschließenden Abschnitt um eine Art Szenario der Wertentwicklung in Deutschland seit 1871, d. h. um eine lockere Aneinanderfügung von Hypothesen und Vermutungen, die in einem der Zeitachse folgenden „narrativen" Sinne miteinander verbunden sind, wobei die Ansprüche an die empirische Unterbauung und Absicherung der Aussagen zunächst sehr stark reduziert sind und *Plausibilitätsurteilen* sehr viel Spielraum offengelassen wird.

Eine wesentliche Grundannahme dieses Szenarios besteht darin, daß diejenigen Wertänderungen, von denen die Rede ist, in einem *geschichtlichen Zusammenhang* stehen, der aber durch *situative Einflüsse* einschneidend modifiziert wird und der Abbrüche und neue Anfänge einschließt.

Insbesondere wird durch das Szenario die mancherorts vertretene Auffassung in Frage gestellt, es gebe eine Kontinuität der Wertentwicklung in Deutschland, die vom Zweiten Kaiserreich bis in die Gegenwart hineinreicht. Soweit ein qualitatives Szenario überhaupt Lerneffekte zuläßt, sprechen diese gegen eine solche Auffassung, der eine ähnliche Übervereinfachung vorzuwerfen ist wie z. B. der auf R. Inglehart zurückführenden allzu schlichten Vorstellung, „der" aktuelle Wertwandel in den westlichen Industrienationen bestehe in einer Ersetzung von „materialistischen" Werten durch „postmaterialistische" Werte.

Ein Szenario der Wertentwicklung in Deutschland seit 1871

Sozialpsychologie des Zweiten Reiches

- Wertumschichtungen und -spannungen in der „bürgerlichen" Gesellschaft

Begibt man sich in die historische Entstehungssituation des Zweiten Deutschen Reiches (1871), so trifft man auf eine Lage, die auch von der Soziologie vielfach mißverstanden wurde.

Es war in den letzten Jahrzehnten ein vorherrschender Trend, sich das Zweite Deutsche Reich als autoritär-konservativ vorzustellen und hierbei auf eine Konstellation sozialer Klasseninteressen Bezug zu nehmen, die als solide Säulen der Beharrung wirkten. Es wurde davon ausgegangen, daß diese Situation ihren Niederschlag in einem verhältnismäßig geschlossenen Wertsystem fand, in dem sich militärisch-patriotische Elemente mit Elementen überkommener Dynastietreue vermischten, die sich nach der Reichsgründung auf den Kaiser anstelle der regionalen Fürstenhäuser konzentrierten.

In Wahrheit war die Situation aber wohl doch sehr viel differenzierter, wie sich bei einer wertdynamischen Besonderheiten gegenüber sensiblen Analyse deutlich erkennen läßt. Es ist unumgänglich, sich hierbei zunächst der *Auflösung älterer Wertbestände* zuzuwenden, die teils auf die — von Zeitgenossen häufig als „kritische" Epoche verstandene — europäische Aufklärung, teils aber auch auf den mit ihr verknüpften Zerfall der vom Mittelalter überkommenen Standes- und Feudalordnung zurückzuführen war.

Während vorher Werte der *stationären Ordnung* dominiert hatten, traten nunmehr *Fluiditätswerte* in Erscheinung, die sich u. a. in dem Schlagwort „laissez faire, laissez aller" des Wirtschaftsliberalismus manifestierten. Im Gefolge der *Philosophie der Aufklärung* wurde davon ausgegangen, daß es bei den einzelnen Menschen selbst quasi-naturhafte Gleichgewichtsantriebe wie auch in der gesellschaftlichen Makrodimension (Markt-)Balancierungsmechanismen gebe, denen eine naturgesetzliche Präzision und Zuverlässigkeit zuschreibbar sei. Bezüglich des politischen Raums entwickelte sich eine Demokratietheorie, die mit einer Vorstellung von Ausbalanciertheit gewährleistenden „checks and balances" operierte und die insoweit auf analogen Grundlagen aufbaute.

Angesichts dieser Annahmen konnte sich die Ausgestaltung des neuen Wertsystems, wie sie von intellektuellen und politischen Eliten vorangetrieben wurde, gänzlich auf eine negative Aufgabe, nämlich auf den *Kampf gegen die alten Werte*, konzentrieren. Es wurden vorrangig Freiheitsrechte des Individuums formuliert und politisch institutionalisiert. Parallele ökonomische Freiheitsrechte waren für die neuen Gewerbeordnungen konstitutiv, wobei der Wille der Zurückdrängung des Zunftwesens und vormaliger staatlicher Regulationen im Zentrum stand. Die Religion, die vorher voll ins geltende Wertsystem einbezogen war, wurde zur Privatsache erklärt, weil man ihr keinen unmittelbaren gesellschaftlich-politischen Nutzen mehr zuzuschreiben wußte und weil man die Sprengkraft der feindseligen Trennung zwischen den Konfessionen fürchtete. Das „Freiheit-von"-Prinzip stand somit obenan. Im Hinblick auf die Sicherung von Integration vertraute man auf die Natur des Menschen und der Gesellschaft, d. h. also auf eine der (Wert-)Kultur vorgelagerte, sie verüberflüssigende Kraft bzw. auf eine „invisible hand" quasi-göttlichen Charakters.

Jeder Kenner der historischen Verhältnisse wird nun geltend machen wollen, daß diese Entwicklungen, die insbesondere in England verhältnismäßig rein in Erscheinung traten, im Zweiten Deutschen Reich nur gedämpft und teilweise auch gebrochen zur Durchsetzung gelangen konnten. In der Tat fühlte sich hier der Staat in einem erheblichen Maße zu einer interventionistischen Politik veranlaßt, die darauf abstellte, gegenüber den anonymen Marktkräften das nationale Interesse zur Geltung zu bringen, wo immer dies naheliegend erschien. Sicherlich gab es auch in Deutschland ausgedehnte Freiräume für das neuartige „freie Spiel der Kräfte", zumal der Staat die mit dem Aufkommen des „Kapitalismus" Hand in Hand gehende Erstarkung der Wirtschaftskräfte begünstigte.

Geht man wertanalytisch vor, dann wird man allerdings etwas anderem, nämlich der hochgradigen *Selektivität* der Durchsetzung des neuen Wertsystems wie auch dem partiellen Bestehenbleiben „alter" Werte und der Entstehung von Gegenwerten größeres Interesse abzugewinnen haben. Das neue — gemeinhin als „liberalistisch" angesprochene — Wertsystem wurde im Grunde genommen nur von verhältnismäßig kleinen Eliten in der Wirtschaft, in der Administration und in der Wissenschaft realisiert. Die Volksmassen, die während der industriellen Revolution vom Land in die neuentstehenden Industriestädte strömten, um dort Arbeitschancen zu ergreifen, vollbrachten zwar das Novum des Ausbruchs aus der traditionellen ländlichen Sozialordnung. Diese war aber schon seit Jahrzehnten angesichts einer zunehmenden ländlichen Armut in einem desolaten Zustand und hatte ihre vormalige Intaktheit verloren. Wer vom Land in die Stadt abwanderte, tat dies im allgemeinen, um einer unbefriedigenden Lebenssituation zu entfliehen. Die leitenden Werte waren überwiegend kleinbürgerlich-konventioneller Natur. Eben dies war auch die Grundlage dafür, daß die proletarische Lebensverfassung und Einkommenssituation, auf die man in den Städten traf, massive

Enttäuschungen hervorrufen konnte. Die Menschen gewannen das Gefühl, daß in der „neuen Gesellschaft", die sich in der Entfaltung befand, für sie wenig Platz war, und ein kollektives aspiration-achievement gap stellte sich ein.

Es war dies diejenige sozialpsychologische Konstellation, in die der Sozialismus als ein Gegenwertsystem einbrechen konnte. Auch der Sozialismus ging auf der Auf- und Ablösung des herkömmlichen Wertsystems aus. In seinen nichtmarxistischen Bereichen bekannte er sich jedoch nicht zu Fluiditätswerten, sondern zu Werten einer stationären Ordnung antihierarchischer Natur, in welchen Gerechtigkeitsvorstellungen, die mit Gleichheitsideen verkoppelt waren, die entscheidende Rolle spielten. Die Vertreter des Sozialismus hatten hierbei die enormen Reichtums- und Statusunterschiede der alten Gesellschaft vor Augen, die sie — unter dem Einfluß urchristlicher Wertvorstellungen — zugunsten „gemeinschaftlicher" Verteilungslösungen abtragen wollten. Arbeiterführer wie Bebel und Liebknecht, die den Marxismus übernommen hatten, brachten es zwar fertig, in Deutschland eine sozialistische Arbeiterbewegung zu formen, die im Hinblick auf die industrielle Dynamik eine grundsätzliche Akzeptanzbereitschaft entwickelte. Verteilungsgesichtspunkte waren nichtsdestoweniger aber immer wichtiger als Gesichtspunkte der Produktivität. Das sozialistische Wertsystem behielt eine stationäre Komponente bei, deren Vermittlung mit den liberalen Fluiditätswerten stets problematisch blieb. Man kann es u. a. auch von daher erklären, daß die Industriearbeitermassen stationäre kleinbürgerliche Lebensideale beibehielten, daß sich, anders ausgedrückt, bei ihnen nicht die Mentalität des unternehmerischen Verkäufers der eigenen Arbeitskraft entwickelte, die ihnen von liberalistischer Seite angesonnen wurde und die sich in einigen anderen Ländern viel kräftiger entfalten konnte.

● Inseln wertdynamischer Beharrung

Wenn man sich die wertdynamische Situation im Zweiten Deutschen Reich im ganzen vor Augen führt, so wird
man — über solche Aufsplitterungen der Wertentwicklung und -veränderung hinaus — natürlich auch der direkten *Beharrungskraft des Alten* eine erhebliche Bedeutung zuzuschreiben haben.

Man kann hierzu zunächst die These aufstellen, daß die
ländliche Sozialordnung durch die Abwanderung größe-
rer Bevölkerungsteile zu den neuentstehenden Industrie-
städten nachhaltig entlastet wurde. Während vorher Auf-
lösungserscheinungen aufgrund zunehmender Armut im
Vordergrund standen, trat in Verbindung mit dem großen Aderlaß eine Beruhigung ein, die restaurativen Tendenzen den Weg ebnete. Die *ländliche Sozialordnung* verlor ihre innere Spannung und Problematik und sank in
die „bereitwillig geöffneten Arme der alten Kirchen"
(Max Weber) zurück. Auch der herkömmliche agrarische
Feudalismus konnte von dieser Entwicklung — jedenfalls
eine Zeitlang — profitieren. Insbesondere im ostelbischen
Raum konnte eine verhältnismäßig traditionale Wert-
und Sozialverfassung bestehen bleiben, die mit gewissen
Einschränkungen den Nationalsozialismus überdauerte
und erst 1945 beim Einmarsch der Roten Armee ihr Ende
fand.

Eine relativ statische Beharrungstendenz der Wert- und
Sozialordnung wird man aber auch für diejenigen Klein-
und Mittelstädte festzustellen haben, die von der industriellen Entwicklung nicht oder nur peripher geprägt wurden. Man muß bei alledem in Rechnung stellen, daß in
der damaligen Zeit die typischen modernen Massenmedien wie Rundfunk und Fernsehen noch nicht existierten
und daß die Presse im wesentlichen eine lokale Presse
war, welche die herrschenden Werte des jeweiligen ört-

lichen Raums widerspiegelte und verstärkte. Es konnten sich von daher — auch außerhalb des flachen Landes im engen Sinne des Wortes — lokale Milieus stabilisieren, wobei die auf die „Kleinstaaterei" zurückgehende Ausstattung Deuschlands mit einem Netz verhältnismäßig gut ausgebauter ehemaliger Residenzstädte eine besondere Rolle spielte.

● Sozialpsychologische Wirkungen des Nationalstaats

Eine Beschäftigung mit der wertdynamischen Situation des Zweiten Deutschen Reiches würde hoffnungslos unvollständig bleiben, wenn nicht auch des Nationalstaates gedacht würde, der mit der Reichsgründung ins Leben trat. Es ist dabei in Rechnung zu stellen, daß die Reichsgründung mit dem Deutsch-Französischen Krieg von 1870/71 zusammenfiel und ausdrücklich mit dem Sieg über den „Erbfeind" gekoppelt wurde. Es konnten somit von vornherein die geschichtlich schon vorbereiteten nationalen Gefühle mobilisiert werden, die bei einer rein administrativen Aktion nicht zur Verfügung gestanden hätten. Die Entstehung des Nationalstaats fiel somit mit einer Welle nationaler Begeisterung zusammen, in welche überdies eine Fülle von Strömungen des Zeitgeists eingehen konnte (vgl. das Thema des „Nationalismus" im europäischen Denken des ausgehenden 19. und des beginnenden 20. Jahrhunderts).

Ein Deutscher zu sein, wurde — insbesondere auch auf dem Hintergrund des mit Stolz erfüllenden nationalen Sieges — zu einem individuell gefühlten Wert, wenngleich es zu gleicher Zeit eine Vielzahl gänzlich andersartiger Werte gab, die sich auf die sozio-ökonomische Wirklichkeitsebene wie auch auf die regionale Zugehörigkeit oder auf allgemeine Lebensüberzeugungen bezogen. Man kann die These aufstellen, daß das nationale

Wertelement in einer *unausgewogenen Gemengelage* mit andersartigen, andere Realitätsbereiche betreffenden Wertelementen antreffbar war. Man war Deutscher, aber zugleich auch Liberaler, Sozialist oder Traditionalist. Man war zur selben Zeit Unternehmer, selbständiger Gewerbetreibender alten oder neuen Stils, Offizier, Arbeiter oder auch Angehöriger der expandierenden Sozialgruppe der Angestellten mit einem spezifischen sozialen Status und einem sozial bestimmten Selbstbewußtsein. All dies konnte nicht zu einer Einheit zusammenwachsen, sondern implizierte eine gewisse *Zerrissenheit*. Daß dieses Wort zu einer Lieblingsvokabel der Zeit wurde, war kein Zufall.

Es ist nicht leicht, realistisch einzuschätzen, welche Rolle das Militär bei der sozialpsychologischen Umsetzung des Nationalstaats spielte, obgleich seine Funktion beim „Nation Building" des Zweiten Deutschen Reiches sicherlich nicht gering veranschlagt werden darf. Wenn auch das berühmt-berüchtigte „Haben Sie gedient?" wohl sicherlich mehr dem spezifischen Standesinteresse und Führungsanspruch des Offizierskorps entsprach, so waren Pflicht- und Gehorsamswerte, wie sie durch das Militär vermittelt wurden, für die Disziplinierung der vom Land in die Stadt strömenden Massen doch von erheblicher Bedeutung. Militärische und industrielle — letztlich auch sozialistische — Disziplinansprüche konnten konvergieren und lieferten ein tragfähiges Fundament für die enorme Akzeptanzbereitschaft und -fähigkeit und für die alltägliche Arbeitsleistung breiter Bevölkerungsschichten unter den schweren Lebens- und Arbeitsbedingungen des industriellen Aufbruchs. Eine harte Arbeit einschließende Diszipliniertheit wurde bis zu einem gewissen Grade auch durch die protestantische Kirche mitgetragen und konnte unversehens zu einem für das Selbst- und Fremdverständnis konstitutiven Element des deutschen Nationalcharakters werden. „Deutschsein heißt arbeiten" — dieses bereits von Goethe geprägte Wort, das zu seiner Zeit eigentlich noch unzeitgemäß war, konnte zum Zentrum eines die verschiedenen Milieus und Ideologien übergreifenden und von momentaner Begeisterung unabhängigen nationalen Selbstverständnisses werden.

● Mobilisierungsfolgen des Ersten Weltkriegs

Dies alles erhielt nun aber eine zusätzliche, die Gesamtkonstellation nationalen Selbstwertgefühls verändernde Bedeutung durch den Ersten Weltkrieg, der — auch wertdynamisch gesehen — als ein überaus einschneidendes Ereignis anzusehen ist.

Liest man in den verfügbaren Zeitdokumenten, so erhält man den Eindruck, daß zunächst eine Wiederholung der nationalen Begeisterung von 1870/71 vorlag. Die Gemengelage der Werte wurde dabei über Nacht zugunsten einer *Dominanz der nationalen Komponente* verändert bzw. aufgehoben. Man war jetzt plötzlich nicht nur auch, sondern vielmehr in erster Linie Deutscher. Der schon in den anfänglichen Tagen des Krieges vereinbarte Burgfrieden der im Deutschen Reichstag vertretenen Parteien kann als ein Auslöser, gleichzeitig aber auch als Ausdruck dieser spontanen Entwicklung verstanden werden.

Die eigentlich entscheidende Erfahrung bestand jedoch in den Materialschlachten, die sich im Laufe des Krieges einstellten. Es entwickelte sich in diesen Grenzsituationen individueller und kollektiver Not und Bewährung eine Relativierung trennender Momente, die das Menschliche in den Trägern von Milieu- und Ideologiedeterminanten in Verbindung mit Werten der Kameradschaft und der Bereitschaft zur gegenseitigen Aufopferung in den Mittelpunkt rücken ließ. Es war dies ein Novum, das die nachfolgende Weimarer Republik hintergründig überschattete und ihr Scheitern mitverursachte. In der Vision E. Jüngers verschmolzen der Arbeiter und der Soldat zu einer Figur, deren angemessene Aktionsform die permanente Mobilmachung war.

Die Weimarer Republik als sozialpsychologisches Interregnum

Wertdynamisch gesehen war die Weimarer Republik ein *Interregnum*, das vordergründig durch widerstreitende Gefühle beleidigten Nationalstolzes, durch das Leiden unter ökonomischen Krisenzuständen, durch die gefühlsmäßige Abwehr des „Parteiengezänks" und durch Ressentiments gegen die „Kriegs- und Nachkriegsgewinnler" bestimmt war. Man kann aber die These aufstellen, daß sich unterhalb der Ebene der die Presse beherrschenden Parteienkämpfe und eines überbordenden „modernistischen" Kulturlebens, in welchem sich eine radikale Abwendung von allem Hergebrachten und „Deutschtümelnden" ausdrückte, eine *national-sozialistische Umwandlung* des Denkens und Fühlens vollzog. Die „Volksgemeinschaft" war durch den Krieg zur alltäglichen Erfahrung geworden; die Bedeutung überkommener Milieu- und Schichtzugehörigkeitsgrenzen, Konfessionsabschottungen und Ideologien war durchlöchert und relativiert. Es entfaltete sich eine ins Fluide gerichtete *Werte-Stimmung*, die von alledem weg ins „Weltanschauliche", d. h. in eine Verbindung von unbestimmter Religiosität und prometheisch-heroischer, gemeinschaftsbezogener Erfüllung von Persönlichkeitsidealen zielte, die hinter bisherigen Maskierungen zur Realisierung drängten. Gewiß ging diese Werte-Stimmung in den breiten Bevölkerungsschichten mehr ins Handgreiflich-Materielle hinüber, zumal man seit dem Ende der 20er Jahre unter der Weltwirtschaftskrise litt. Aber auch dort gab es *chiliastische Aufbruchsgefühle und -bedürfnisse*, unter deren Einfluß sich der Wunsch nach der Überwindung der materiellen Not in die Sehnsucht nach Integrität und Erfüllung jenseits der bisherigen Zerrissenheit umsetzte. Die Akzeptanz eines „Führers" mit charismatischen Eigenschaften war im Grunde genommen vorgezeichnet, und sie fand ihr Pendant im tatsächlichen Auftauchen vielfältiger Führergestalten, die miteinander konkurrierten.

Unerhört aufschlußreich ist bei alledem, daß sich diese Stimmung nicht zugunsten des Kaisers auswirkte, dessen Abdankung von den Kriegsgegnern erzwungen worden war. Daß es inmitten der national eingefärbten Aufbruchsstimmung der Weimarer Republik kaum einen nennenswerten Monarchismus gab, läßt mit drastischer Deutlichkeit erkennen, wie sehr sich die Wertentwicklung von den bisherigen Verortungen losgelöst hatte. Die vorangegangenen Ereignisse hatten offensichtlich eine sozialpsychologische Lawine verursacht. Wünsche nach sozialökonomischer Absicherung vereinigten sich mit Fluiditätswerten zu einer emotional aufwühlenden Verbindung neuer Art, deren Konturen zunächst aber noch schwimmend und unbestimmt blieben. Mit allzu scharfen rationalen Kontrollen war in einer solchen Situation nicht mehr zu rechnen. Die ökonomische Krise wirkte zudem als psychischer Akzelerator. Die kollektive Hingabe an einen Heilsbringer, der Entlastung bringen und dem unklaren Sehnen Klarheit und Gestalt vermitteln würde, lag in der Luft. Daß der „Führer" eine neuartige, aus den erwachenden Verhältnissen geborene, solidarisch-gemeinschaftliche Werte verkörpernde Figur sein würde, war unausgesprochen klar.

Wertedynamik im Nationalsozialismus

● Eine sozialpsychologische Deutung
   der Machtergreifung

Die wertanalytische Betrachtung veranlaßt dazu, die sozialpsychologischen Voraussetzungen für die nationalsozialistische Machtergreifung in der Zeit seit dem Ersten Weltkrieg zu suchen. Mit einer solchen Betrachtung verbindet sich einerseits eine Relativierung aller verschwörungstheoretischen Deutungsansätze, die davon ausgehen, das deutsche Volk sei in dieser Situation zum unschuldigen Opfer einer machtbewußten, verführungsfähigen Verbrecherclique geworden. Gleichzeitig relativiert eine solche Betrachtung andererseits aber auch die marxistisch inspirierten Faschismustheorien. Und endlich relativiert sie eine Deutung, die glaubt, die Ursachen des NS-Regimes im deutschen Nationalcharakter oder in der deutschen Geistesgeschichte seit Luther suchen zu müssen. Sie erlaubt es gleichzeitig, nach Übergängen von der Weimarer Republik zum Nationalsozialismus wie auch nach sozialpsychologischen Transformationen zu fragen, die bei einer strikt aufs Politische beschränkten, grundsätzlich auf datierbare Zäsuren ausgehenden Betrachtung notwendigerweise verborgen bleiben müssen. Wesentlich ist hierbei, daß der Nationalsozialismus in seiner ersten, noch nicht durch die Kriegsführung bestimmten Phase für breite Bevölkerungsschichten eine scheinbare Erfüllung derjenigen Erwartungen mit sich brachte, von denen gerade die Rede war.

Man wird diesen Vorgängen nicht gerecht oder bekommt sie, direkter ausgedrückt, gar nicht erst in den Blick, solange man sie rückblickend aus der Perspektive des Zweiten Weltkriegs und der mit ihm verbundenen Opfer und Grausamkeiten oder auch aus der Perspektive der nachträglichen Aufdeckung der Judenmorde betrachtet. Es ist dies eine Perspektive, die zwar zur sozialethischen Disqualifizierung des NS-Regimes geeignet ist, nicht jedoch zum Verständnis seiner befristeten Akzeptanz durch die Bevölkerung oder — realistischer ausgedrückt — der teils emphatischen Bejahung, die ihm anfangs zuteil wurde. Man versteht dies nur dann, wenn man eine *aspiration-achievement-Korrespondenz* zugrunde legt, die sich erst in demjenigen Augenblick zur vollen Sichtbarkeit entfalten konnte, als — nach der Machtergreifung — bis dahin noch bestehende Distanzen aufgrund von Partei- und Verbandsbindungen anderweitiger Natur zunehmend entfielen.

● NS-Ziele und -Strategien der Werte-Entwicklung

Es muß in Rechnung gestellt werden, daß die inneren Entwicklungsmomente des Nationalsozialismus selbst, die durch die bisherige Forschung noch nicht ausreichend erhellt und publik gemacht worden sind, auf die Wertentwicklung innerhalb der Bevölkerung verhältnismäßig wenig Einfluß gewannen und daß es insgesamt gesehen in den wenigen Jahren vor dem Zweiten Weltkrieg kaum irgendwelche massenwirksamen Schocks gab, durch welche die Konsonanz zwischen der Partei- und Staatsführung und der Bevölkerung empfindlich gestört worden wäre.

Dies gilt ebenso für die „Gleichschaltungs"-Aktionen der ersten Zeit wie auch für das vor aller Augen inszenierte Pogrom von 1938 („Reichskristallnacht") und für die Vorbereitung der Kriegswirtschaft — soweit sie überhaupt öffentlich erkennbar wurde. Die Beseitigung der Massenarbeitslosigkeit, die alle Bevölkerungskreise einbeziehende Inszenierung eines völkischen Aufbruchs und die Regenerierung des nationalen Selbstbewußtseins lieferten Bewertungsgesichtspunkte, die gewichtiger zu Buche schlugen.

Natürlich war die neue Führung darum bemüht, die Werte-Entwicklung innerhalb der Bevölkerung aktiv zu beeinflussen und zu formen. Sie knüpfte hierbei an die vorgefundene Ausgangssituation an, um die verfügbaren Beeinflussungsmittel, zu denen erstmals in der deutschen Geschichte eine totalitär gehandhabte Propagandamaschinerie gehörte, zur Herbeiführung einer wünschenswerten Entwicklung zu benutzen.

Es gehörte hierzu an erster Stelle das *Leitbild eines neuen Menschen*, dessen konkretere Ausfüllung allerdings bis zum Kriegsende hin unabgeschlossen blieb, wenngleich die Elemente des Nordischen, des Heroischen, des Starken und Kämpferischen, gleichzeitig aber auch des Einordnungs- und Opferbereiten — Werte, mit denen vor allem die Jugend angesprochen wurde — deutlich hervortraten. Die NS-Führung versuchte hiermit eine *Wertefusion* herbeizuführen, die zweckdienliche Werte der Ordnung unmittelbar mit Werten der Bewegung in Verbindung bringen sollte. Um diesen eigentlichen Kern herum wurden aber darüber hinaus alle diejenigen Werte angesiedelt, die geeignet waren, die verschiedenen Teilgruppen der Bevölkerung zu integrieren, d. h. also Werte der Mutterschaft, Werte einer von kirchlichen Zugehörigkeitsbindungen abgelösten allgemeinen Religiosität (Bekenntnis zur „Vorsehung"), Werte der bäuerlichen Schollenverbundenheit, Werte der Handarbeit und der volksverbundenen Intellektualität wie auch Werte einer ästhetisch-sportlichen Idealen verpflichteten und auf „volksbewußte" Weise weltzugewandten Freizeit („Kraft durch Freude").

Zur *Strategie* der vom Regime betriebenen Werte-Entwicklung gehörte an zentraler Stelle die Identifikation der Massen mit einer Führerfigur, in deren glorifizierender Darstellung die von allen gefühlten Werte zusammenzufließen schienen. Diese Identifikation, die naturgemäß in der Jugend ihre deutlichste Ausprägung fand, steigerte sich seit dem Beginn des Zweiten Weltkriegs in der Tat in eine die Grenzzonen des Sektenhaften berührende Intensität hinein. Überhaupt war es dieser in seiner Totalität alles umfassende, in seinen noch nie dagewesenen Dimensionen ganz offenbar die Existenzfrage aufwerfende Krieg, der eine Art von *kollektiver Psychose* begünstigte: Die Dichotomisierung der Welt in eine Zone des Lichts und in eine von den Kriegsgegnern repräsentierte Zone der Finsternis, die von der Propaganda suggeriert wurde, erhielt massenwirksame Bestätigungen durch die Schrecken des Luftkriegs, und sie steigerte sich noch, als in der zweiten Phase des Krieges die Fronten zurückzurücken begannen. Es fand in diesem Klima eine Art von *Überhitzung und Entzündung der Wertsphäre* statt, eine durch äußere Einwirkungskräfte hervorgerufene und durch innere Kräfte aufgegriffene und potenzierte Hyperaktivierung einer Werte-Gruppierung, mit der sich das existentielle Interesse des Überlebens auf eine unmittelbare, in der allenthalben anwesenden Todesgefahr unablässig spürbaren Weise zu verbinden schien. Das späte Diktum des „Führers", im Falle einer Kriegsniederlage werde man die Türen donnernd zuschlagen, so daß die Welt erzittern und zum Einsturz gebracht werde, erhielt von daher den Charakter des Situationsangemessenen und scheinbar Plausiblen. Konnte man denn überhaupt noch physisch existieren, wenn der Krieg verlorenging?

Wertedynamik in und nach der „Stunde Null"

● Wertezusammenbruch und Konsolidierung

Die „Stunde Null" des verlorenen Krieges mußte für eine große Zahl vor allem junger Menschen gerade angesichts der vorangegangenen Überhitzung und Entzündung der Wertsphäre einen tiefgreifenden Schock bedeuten. Insbesondere in den Kriegsgefangenenlagern fand ein *Wertezusammenbruch* statt, der sich mit der Zwangsverpflichtung auf den Wert des nackten physischen Überlebens — d. h. also auf einen extremen Kontrastwert — verband. Ähnliche Erfahrungen einer Werte-Reduzierung und -Vernichtung stellten sich aber auch in einer abgeschwächteren Form bei den übrigen Teilen der Bevölkerung ein, die sich in der ersten Nachkriegszeit in einem zerstörten Lande auf sich selbst und ihre persönlichen Überlebensfähigkeiten und -taktiken zurückgeworfen sahen.

Es war dies eine Situation, in der sich scheinbar alle auf das nationale Gemeinwesen und seine Repräsentanten gerichteten Werte auf eine fatale Weise als falsch erwiesen. Man war, wie die „Reeducation" deutlich werden ließ, einer grandiosen Täuschung erlegen und zum Opfer einer totalitären Propagandamaschinerie geworden, obwohl man geglaubt hatte, einen redlichen Bund auf Leben und Tod geschlossen zu haben und Glied eines Treueverhältnisses auf Gegenseitigkeitsbasis geworden zu sein. Schon die bloße Tatsache der Niederlage mußte sich dort verheerend auswirken, wo man die an die Grenzen des Möglichen gehende Aktivierung der eigenen Wert- und Überzeugungssphäre mit dem von der Führung unablässig gestärkten Glauben an einen unvermeidlichen Endsieg verknüpft hatte. Die Kriegsverbrecherprozesse und die von ihnen ausgehenden Enthüllungen sorgten aber dafür, daß sich in die Gefühlslage der Stunde Null außerdem das *Gefühl tiefer Beschämung* mischte. Der unabweisbar scheinende Gedanke, dort, wo man für das Gute zu kämpfen geglaubt hatte, unwissender Ausführungsgehilfe eines verbrecherischen Anschlags auf die Menschlichkeit gewesen zu sein, zerstörte oder verstopfte — auch und gerade bei den jungen Menschen — die Quellen des Idealismus für lange Zeit.

Der materielle Wiederaufbau, der bei der Währungsreform von 1948 einsetzte, war in dieser von einem dumpfen Selbsthaß erfüllten Atmosphäre eine Erlösung. Nun gab es wieder eine Aufgabe, der man sich zuwenden konnte, ohne auf Schritt und Tritt mit Schuldvorwürfen und -gefühlen konfrontiert zu werden. Man war zwar gegenüber den auf Demokratisierung abstellenden Bemühungen der Reeducation wie auch gegenüber der neuen deutschen Autoritäten keineswegs störrisch, aber die Bereitschaft zur Akzeptanz ging nicht unter die Haut. In dem sich entwickelnden *„Ohne-mich"-Standpunkt*, der die 50er Jahre beherrschte, gelangte vielmehr eine negative Ethik der Abwendung von allem Öffentlichen und Politischen zur Geltung, die man als ein psychisches Äquivalent für die mögliche Alternative einer Wiederholung desjenigen bohrenden Gefühls nationaler Demütigung ansehen kann, das sich im Anschluß an den verlorenen Ersten Weltkrieg eingestellt hatte.

● Das Wertsystem der Wiederaufbauphase

Mit der privatistischen Konzentration auf den Wiederaufbau und auf den Genuß der zunächst noch bescheidenen Früchte, die er abwarf, ging eine massive *Aufwertung von Pflicht- und Ordnungswerten* Hand in Hand, welche in diesem Augenblick fast unbegrenzte Ausbreitungschancen besaßen. Die Hochwertung der Ordnung war gewissermaßen die Projektion der Überlebensorientierung der Stunde Null aufs sozialorganisatorisch geregelte Lebensdienliche. Daß außerhalb und oberhalb der kleingruppenhaft-familiären Bezugsfelder, auf die man sich emotional zurückgezogen hatte, eine übergreifende Funktionsordnung ökonomisch-technischer Natur wie-

derhergestellt werden mußte, war von einer überwälti-
gen Evidenz und bedurfte keiner besonderen Begrün-
dung und Rechtfertigung. Und daß die eigene alltägliche
Mitwirkung an der Wiederherstellung dieser Ordnung
im Sinne einer pflichtbewußten Rollenübernahme und
-ausübung erforderlich war, war eine in der Luft liegende
Wahrheit, die durch die Notwendigkeit des Einkom-
menserwerbs kaum mehr eigens abgesichert zu werden
brauchte.

Die Partizipation an einer unpolitischen, ja politikfrem-
den, rein aufs Funktionsdienliche bezogenen, in kollektiver Hinsicht lebenserhaltenden *Sachordnung ideologisch
neutraler Natur* war die der vorherrschenden inneren Situation entsprechende Vermittlung des einzelnen mit
dem Gemeinwesen. Diese Vermittlung nahm nicht nur
die Stelle der chaotischen Überlebensbemühungen der
Stunde Null ein, sondern sie ermöglichte auch eine Überwindung der Gefühle der Verlorenheit und Ohnmacht,
die zeitweise vorgeherrscht hatten. Ordnung und Pflichterfüllung waren Lebenswerte in dem allerunmittelbar-
sten Sinn, der sich denken läßt. Auch eine Hochwertung
von *Effizienz und Effektivität* gehörte unmittelbar in die
Wertelandschaft der Wiederaufbauperiode hinein. Und
endlich gehörte hierzu auch eine Hochwertung des *Output* desjenigen Lebenssystems, an dem man mitwirkte,
wie auch eine Hochwertung von Output überhaupt.

Die Output-Hochwertung dieser Zeit betraf nicht nur
das, was sich konsumieren ließ, wenngleich der Konsum
als eine neue, privatistisch getönte Weise der Realitätserfahrung eine zunehmende Rolle spielte. Diese Output-
Hochwertung betraf vielmehr ebensosehr auch den gesamten Daseinsgewährleistungsapparat, der sich aus
Schutt und Asche wiederzuerheben begann, d. h. also die
Bausubstanz der Städte, das Verkehrssystem, das Netz
der Einkaufsmöglichkeiten, das zuverlässig funktionie-

rende Ver- und Entsorgungssystem, ja letztlich den Staat selbst.

Es erscheint aus heutiger Sicht ganz unbegreiflich, daß man in der Periode des Wiederaufbaus Gebäude, die inzwischen „häßlich" — weil kahl und architektonisch anspruchslos — erscheinen, akzeptieren oder sogar hochschätzen konnte. Diese nachträgliche Abwertung übersieht aber, daß das schlichte Faktum des (Wieder-)Hergestelltseins, des zunehmenden Verfügbar- und Vorhandenseins auf dem Hintergrund einer Erfahrung der Zerstörung und des Chaos alles rein Ästhetische entschieden in den Hintergrund drängen mußte. Was zählte, war die *Funktionalität* schlechthin — nicht als ästhetische, sondern als existentielle Kategorie. Häßlichkeit nahm man nicht nur notgedrungen in Kauf. Vielmehr sah und erlebte man sie gar nicht, weil sie in der gegebenen Situation keinerlei Erlebniswert besaß.

Der Wertwandlungsschub der 60er und 70er Jahre

Das Wertsystem der Nachkriegszeit als Ausnahmezustand

Im Grunde genommen ist es nicht ungefährlich, im Hinblick auf die Beschaffenheit von *Wertesystemen von Ausnahmezuständen* zu sprechen, da hierbei eine „Normalität" vorausgesetzt wird, die sich, wie schon einmal gesagt, bei den Werten ungeachtet der Erwartung, die wir an sie herantragen, in unserer Gegenwart nicht findet. Nichtsdestoweniger drängt sich diese Kennzeichnung im Fall des Wertesystems der Wiederaufbauphase aber geradezu auf. Sicherlich hatte die vorangegangene Katastrophe *Wertzerstörungen* mit sich gebracht, die man möglicherweise bis heute — und wahrscheinlich noch in die Zukunft hinein — als irreversibel ansehen muß. Auf der anderen Seite war dieses Wertesystem aber nichtsdestoweniger von Ausklammerungen geprägt, die zahlreiche noch *vorhandene Wertepotentiale* in der Bevölkerung latent werden ließen. Unter dem Druck der Notsituation wurden viele Wertgehalte und Wertverwirklichungsbedürfnisse gewissermaßen auf Eis gelegt. Der Überlebenswert überschichtete alle anderen Werte und ließ sie in eine scheinbare Bedeutungslosigkeit zurücktreten. Wertdynamisch gesehen handelte es sich hierbei aber keineswegs ausschließlich um eine Schrumpfung der Werte, sondern gleichzeitig auch um einen Inaktivierungsvorgang, der mit *inneren Spannungen und Gegendrucktendenzen* verbunden war. Bildhaft ausgedrückt drängten die ausgeklammerten und abgeschobenen Werte — soweit sie noch intakt waren — wieder ans Tageslicht. Daß dieser innere Sachverhalt der Bevölkerung selbst nur wenig bewußt war und daß er insofern auch nur auf eine verhältnismäßig spekulative Weise rekonstruierbar ist, ändert nichts an seiner Realität. Der entscheidende Beleg für ihn ist, daß das, was sich am Ende der Wiederaufbauphase (oder: der Nachkriegszeit) ereignete, ohne den Rückgriff auf einen solchen verdeckten Sachverhalt überhaupt nicht erklärbar wäre.

Daß diese Nachkriegszeit an ihrem Ende angelangt war, wurde den Zeitgenossen in der ersten Hälfte der 60er Jahre zunehmend deutlich. Die Städte waren wiederaufgebaut, und an die Stelle der wirtschaftlichen Not war ein „Wirtschaftswunder" getreten, das sich zunehmend als der Beginn einer Prosperität enthüllte, deren Zukunftshorizont grenzenlos zu sein schien. An die Stelle der Zwangsaskese, der man sich vorher klaglos gebeugt hatte, da sie unausweichlich war, trat nunmehr in einem zunehmenden Maße die durch die Wirtschaftswerbung forcierte Aufforderung zum Konsum. Ungeachtet gelegentlicher Appelle zum „Maßhalten" verlor diese Askese dementsprechend ihre Plausibilitätsgrundlage. Das stahlharte Gehäuse der Not löste sich auf, und in Verbindung damit begann die Überlebenswertorientierung zu verblassen.

Entscheidend ist aber nun, daß sich dieser — im Grunde genommen verständlich erscheinende — Wandel auch in einem einschneidenden Maße auf die Pflicht- und Ordnungswerte auswirkte, die im Anschluß an die Zusammenbruchssituation als gewissermaßen ent-ideologisierter Vergangenheitsbestand übernommen worden waren und die das Rückgrat des Wertesystems der Nachkriegszeit gebildet hatten. Daß diese Werte nunmehr *starke Einbrüche* erlitten und ihre Vorherrschaft einbüßten, kann nicht ohne weiteres auf das Vordringen von Konsumbedürfnissen zurückgeführt werden. „Dienst ist Dienst und Schnaps ist Schnaps" hatte man früher gesagt, und dieser Slogan bedeutete nichts anderes als die vulgäre

Deklaration einer grundsätzlichen Vereinbarkeit von Pflicht- und Konsumwerten.

Vielmehr muß eingesehen werden, daß der Ausbruch der zeitweilig in die Latenz zurückgedrängten Wertpotentiale, der nun vor sich gehen konnte, die Konsumthematik selbst schnell überrollte und hinter sich ließ, so daß sich *eine Art Kulturrevolution* entfalten konnte, mit der zusammen sich eine Re-Ideologisierung des geistigen Klimas der Bundesrepublik einstellte. Der *Wertwandlungsschub*, der sich nunmehr einstellte, stand, wie R. Morsey (1987) als Gegenwartshistoriker formuliert, in Verbindung mit einem „Begehren nach ,Bewegung', ,Aufbruch' und ,Emanzipation'", mit einer „spürbaren Unruhe nach Neuerungen und neuen Horizonten". R. Inglehart traf die Stimmung genau dieses Augenblicks, wenn er — einige Jahre später — die bereits erwähnte Diagnose stellte, der Wertwandel bestehe in einem Übergang vom „Materialismus" zum „Postmaterialismus". Gleichzeitig verkürzte diese eingängige Formel aber auch das, was wirklich vor sich ging, auf eine entscheidende Weise, indem sie die in Gang befindliche Abwertung und Aufsprengung der Pflicht- und Ordnungswerte (genauer: der Pflicht- und Akzeptanzwerte) verschleierte.

Was wirklich vor sich ging, war von einer wesentlich tiefer reichenden Bedeutung als das, was man mit der Beobachtung gewisser Rangplatzverschiebungen zwischen materiellen und immateriellen Bedürfnissen erfassen konnte, die im Grunde genommen die ersteren gar nicht ernsthaft in Frage stellten, sondern nur hinsichtlich ihres Bedeutungsgewichts im gesamten Bedürfnishaushalt der Bevölkerung bis zu einem gewissen Grade relativierten. Geht man davon aus, daß es zu den wesentlichen kulturellen Grundentscheidungen jeder Gesellschaft gehört, ein so oder so ausfallendes *Gewichtsverhältnis zwischen Werten und Motiven der Selbstzügelung und -disziplinie-*

rung (oder: des Selbstzwangs und der Selbstkontrolle) und solchen der Selbstaktualisierung oder -entfaltung sicherzustellen und die hierbei entstehende Konstellation sowohl im Selbst- und Weltverständnis der Individuen wie auch im Anforderungs- und Gewährleistungsprofil der Institutionen zu verankern, so sieht man schon, daß der Wertwandlungsschub seit der ersten Hälfte der 60er Jahre zentrale Basissachverhalte der gesellschaftlichen Identität anrührte.

Gründe für den Wertwandlungsschub

Fragt man nach den eigentlichen Gründen dieses bis in die zweite Hälfte der 70er Jahre hinein anhaltenden Wertwandlungsschubs, so wird man der *Steigerung des Massenwohlstands*, den das Wirtschaftswunder und die ihm nachfolgende Prosperität mit sich brachten, eine Art von Vorbereitungs- und Auslöserrolle zuschreiben können. Sie brachte eine Entlastung von der vorher vorherrschenden Not und Knappheit mit sich, die Bedürfnissen anderer Art einen erweiterten Spielraum verschaffte.

Ähnlich wird man die *Wirkung des Sozialstaatsausbaus* zu beurteilen haben, der spätestens seit der Großen Rentenreform von 1957 zu einer dominierenden Staatszielsetzung erklärt worden war und der den materiellen Entlastungseffekt des Wirtschaftswunders und der Prosperität deutlich verstärkte. (Es änderten sich im Gefolge dieser Entwicklung u. a. die Sparmotive der Bevölkerung. Etwas „auf die Kante"zu legen, um einen „Notgroschen" zu besitzen und im Alter nicht „am Hungertuch nagen" zu müssen, wurde unwichtig. Man sparte im weiteren Verlauf in erster Linie deshalb, um die Anschaffung kostspieligerer Gebrauchsgüter vom Kühlschrank bis zum neuen Auto und zur modischen Wohnungseinrichtung zu ermöglichen.)

Man wird des weiteren die *Wirkungen der Medienrevolution* in Betracht zu ziehen haben, die in der ersten Hälfte der 60er Jahre mit der Ausbreitung des Fernsehens ihre entscheidende Phase durchlief, die den geistigen Horizont der Bevölkerung entscheidend ausweitete und die überdies eine Haltung der kritisch-unbeteiligten Distanziertheit gegenüber Staat und Gesellschaft begünstigte.

Man wird endlich auch *sozialpsychologische Wirkungen der Bildungsrevolution* einzukalkulieren haben, die zunehmend große Teile der Jugend in die weiterführenden Bildungseinrichtungen einschließlich der Universitäten mitsamt ihrem die Selbstentfaltungsorientierung begünstigenden Sozialklima und Strukturzusammenhang hineinführte und die man — zumindest zum guten Teil — für die Tatsache verantwortlich machen kann, daß der Wertwandel bei jungen Menschen mit gehobenem Bildungsniveau seinen drastischsten Ausdruck fand.

Zusätzlich zu allen diesen sehr gewichtigen „situativen" Faktoren, die man als Katalysatoren und Auslöser ansprechen kann, wird man aber diejenigen *Hintergrundfaktoren* berücksichtigen müssen, die einen Stau aus der Latenz ins Freie drängender Wertpotentiale bedingten.

Man wird, um die Bedingungen eines solchen Staus aufzufinden, eine Geschichte verborgener und teils sehr langfristiger Wachstums- und Veränderungsprozesse ins Auge zu fassen haben, die sich im Hintergrund der oben beschriebenen kurzfristigen Zäsuren und Umbrüche vollzogen. Man könnte hierbei daran denken, die Bedingungen der Entwicklung des abendländischen Individualismus als untersuchungsleitende Perspektive zu verwenden, aber man müßte ganz gewiß auch realgesellschaftliche Prozesse, wie insbesondere die *industrielle Revolution* und die mit ihr einhergehende Aufwertung der *individuellen Entscheidungsrationalität* (vgl. den „homo oeconomicus" als das anthropologische Modell der Ökonomen) in die Betrachtung einbeziehen. Die Verwendung der Kategorie des „Individualisierungsschubes" (Beck, 1986) bietet sich für beide Bereiche gleichermaßen an.

Am Ende muß man aber auch ganz sicherlich den Blick nochmals auf Besonderheiten der deutschen Nationalgeschichte zurückwenden, sei es auch nur deshalb, um zu verstehen, wieso der Wertwandel zwar zeitgleich auch in anderen hochentwickelten Industrienationen stattfand, wieso er jedoch in der Bundesrepublik eine besonders deutliche und heftige Ausprägung fand und den Charakter eines Schubs annahm. Hierbei wird u. a. auch davon auszugehen sein, daß der oben beschriebene *Privatismus und Konkretismus* der vorherrschenden Wertorientierung der Nachkriegszeit auf eine sehr deutliche und dissonante Weise mit den Reeducation-Bemühungen der westlichen Siegermächte des Zweiten Weltkriegs kontrastierte.

Scheitern und späte Wirkung der „Reeducation"

Es ist im Rückblick verständlich, daß es den Siegern vordringlich erscheinen mußte, die Demokratie nach Deutschland zu bringen und „politische Bildung" zu verbreiten. Daß diese Bemühung in der gegebenen Lage scheitern mußte, war aber unvermeidlich. Sie stieß — jedenfalls zunächst — auf einen Wall genereller *Politikabwendung*, deren aktuelle Ursachen erstaunlicherweise aber kaum verstanden wurden. Die vorherrschende Reaktion der Sieger und der mit ihnen zurückgekehrten politisch orientierten Emigranten bestand darin, eine „Verstocktheit" der Deutschen zu beklagen, in der sich scheinbar das Nachwirken eben derjenigen unseligen konservativ-autoritären Tradition widerspiegelte, die, wie man meinte, den Nationalsozialismus an die Macht

gebracht hatte und die letzten Endes auch für die Scheuß-
lichkeiten, die unter seiner Herrschaft geschahen, verantwortlich war.

Man kann die unglückliche Konstellation, die sich im
*Aufeinandertreffen der Ohne-mich-Haltung und der Reedu-
cation* herstellte, auf die Formel bringen, daß hier ein tief-
reichendes kollektives Schockerlebnis mitsamt der aus
ihm herrührenden Apathie und Introversion als Ausdruck eines abwegigen Nationalcharakters fehlinterpre-
tiert wurde. Das immer wiederholte, verzweifelte, sich
im weiteren Verlauf ständig steigernde Bemühen um eine
an die Wurzeln der angeblichen Faschismusneigung der
Deutschen verstoßende antikonservative und antiautori-
täre Umprogrammierung fand allerdings — ungeachtet
seiner fehlerhaften diagnostischen Grundlagen — eine
späte Verwirklichungschance in eben demjenigen Wertwandel seit der ersten Hälfte der 60er Jahre, den wir hier
im Auge haben.

Es fand hier — so schien es jedenfalls — *ein Aufstand der
Jungen* statt, in dem sich die Rückerinnerung an die „ver-
urteilungswürdige, durch nichts zu entschuldigende nationalsozialistische Vergangenheit" mit einer pronon-
cierten Abkehr von allem „Konservativen", „Autoritä-
ren" und „Hierarchisch-Verkrusteten" verband, die sich
in eine entschiedene Abwertung von Werten wie Disziplin, Gehorsam, Pflichterfüllung, Treue, Unterordnung,
Fleiß, Bescheidenheit, Anpassungsbereitschaft, Fügsam-
keit und Enthaltsamkeit fortsetzte. Es war, mit einem
Wort, das „ganze verdammte innere Preußentum", das
einer Abwertung verfiel. Der *Wertumsturz*, der gezielt
und gewollt war, kam einer kollektiven Selbstreinigung
gleich, die zwar — gegenüber dem Zeitpunkt der Reeducation — verspätet war, die jedoch eindeutig an deren
Stoßrichtung anknüpfte, wenngleich sie sich zunächst
randvoll mit marxistischen Elementen der Kapitalis-

muskritik auflud, die deutlich werden lassen, daß man keinen direkten Steuerungszusammenhang annehmen darf.

Gewiß fand dieser Aufstand der Jungen in einer Zeit statt, in der auch in anderen Ländern Studentenunruhen und -bewegungen an der Tagesordnung waren. Man wird davon auszugehen haben, daß sich in der fraglichen Zeit in der gesamten westlichen Welt die Folgen einer US-amerikanischen Mentalitätskrise niederschlugen, die insbesondere durch den Vietnamkrieg hervorgerufen worden war. War diese Krise also sicherlich ein Auslöser des Aufstandes der Jungen, so war sie jedoch keinesfalls seine Ursache. Ungeachtet der von außen kommenden Anstoßwirkungen, hatte der Aufstand der Jungen in der Bundesrepublik vielmehr auch endogene Ursachen.

Es spricht hierfür u. a. auch die Tatsache, daß dieser Aufstand bei den eigentlich betroffenen Älteren eine merkwürdig weiche Reaktion fand, daß er, konkret gesagt, nicht niedergeknüppelt, sondern allenfalls abgefedert wurde. Bis in die Kreise hochrangiger Institutionenvertreter hinein gab es spontane Sympathiebekundungen und moralisch unterbaute Berechtigungszuerkennungen, die mit rückschauenden Selbstbezichtigungen und mit Selbstanklagen angesichts einer faktischen oder vermeintlichen eigenen Unsensibilität und Untätigkeit verbunden waren.

Auch die sozialempirische Analyse enthüllt unmißverständlich, daß der Wertwandlungsschub im Grunde genommen kein Jugendphänomen war, wenngleich er in der Jugend seinen entschiedensten und bedingungslosesten und gleichzeitig auch provokantesten Ausdruck fand. Dieser Schub war vielmehr ein *gesamtgesellschaftlicher Vorgang*, an dem praktisch die gesamte Bevölkerung zumindest passiv — d. h. als Besitzer im Wandel befindlicher Wertorientierungen — beteiligt war. Wenn in

Verbindung mit dem Wertwandlungsschub Anzeichen für eine Verschärfung des Generationenkonflikts spürbar wurden, so nur deshalb, weil die aufmüpfigen Teile der Jugend auf eine ganz bewußte Weise Regelverletzungen begingen, die darauf abzielten, die Älteren wie auch die staatlichen Organe herauszufordern, um ein Konfrontationserlebnis herbeizuführen.

Grundmerkmale des Wertwandlungsschubs

Wenngleich der seit der ersten Hälfte der 60er Jahre einsetzende Wertwandlungsschub von der empirischen Sozialforschung erst verhältnismäßig spät als ein in sich zusammenhängendes und als Ganzheit verstehbares Gesamtphänomen entdeckt wurde, so lassen sich doch seine Anfänge unter Rückgriff auf eine Vielzahl von Einzeldaten über die Veränderung sozialer Wertorientierungen, Werthaltungen und Einstellungen rekonstruieren und belegen. Auf alle diese Daten, deren systematische Aufarbeitung bisher nur teilweise geleistet wurde, soll an dieser Stelle nicht unmittelbar Bezug genommen werden. Welche Einzelwerte vom Wertwandlungsschub erfaßt und betroffen wurden, soll vielmehr unter Rückgriff auf eine sehr anspruchslose Übersicht verdeutlicht werden, die bereits an anderer Stelle veröffentlicht wurde und die hier ohne besondere Änderungen wiedergegeben wird: (siehe Tabelle 2)

Die Übersicht konfrontiert die hauptsächlichen Austragungsfelder des Wertwandels seit den 60ern, nämlich diejenigen Werte, die als *Pflicht- und Akzeptanzwerte* einerseits und als *Selbstentfaltungswerte* andererseits angesprochen werden können, ohne daß eine vollständige Auflistung beabsichtigt wäre.

Was die Übersicht nicht unmittelbar erkennbar werden läßt, sind die Ausmaße der im Zusammenhang mit dem

Tabelle 2:

Hauptsächlich am Wertwandel beteiligte Wertegruppen

	Selbstzwang und -kontrolle (Pflicht und Akzeptanz)		Selbstentfaltung
Bezug auf die Gesellschaft	„Disziplin" „Gehorsam" „Pflichterfüllung" „Treue" „Unterordnung" „Fleiß" „Bescheidenheit"	Gesellschaftsbezogener Idealismus	„Emanzipation" (von Autoritäten) „Gleichbehandlung" „Gleichheit" „Demokratie" „Partizipation" „Autonomie" (des einzelnen) ....
Bezug auf das individuelle Selbst	„Selbstbeherrschung" „Selbstlosigkeit" „Hinnahmebereitschaft"	Hedonismus	„Genuß" „Abenteuer" „Spannung" „Abwechslung" „Ausleben emotionaler Bedürfnisse"
	„Fügsamkeit" „Enthaltsamkeit"	Individualismus	„Kreativität" „Spontaneität" „Selbstverwirklichung" „Ungebundenheit" „Eigenständigkeit" ....

Quelle: H. Klages: Wertorientierung im Wandel. Rückblick, Gegenwartsanalyse, Prognosen, Frankfurt/New York 1984, S. 18

Wertwandlungsschub eingetretenen *Rangplatzverschiebungen* zwischen den beiden Wertegruppen. Es kann heute zusammenfassend festgestellt werden, daß die Pflicht- und Akzeptanzwerte während dieses Schubs keineswegs zerstört, ausgelöscht oder in die Bedeutungslosigkeit verdrängt wurden. Vielmehr ergaben sich Einbußen, die dazu führten, daß diese Werte, die vorher überwiegend hohe Ausprägungen besessen hatten, durchschnittlich gesehen auf *mittlere Ausprägungsgrade reduziert* wurden. Umgekehrt wurden die Selbstentfaltungswerte, die vorher überwiegend niedrige Ausprägungen gehabt hatten, im Gesamtdurchschnitt der Bevölkerung *in mittlere Ausprägungslagen emporgehoben*.

Für denjenigen Leser, der mit der Sprache der empirischen Sozialforschung nicht vertraut ist, sei an dieser Stelle die Erläuterung eingeflochten, daß hinter solchen Feststellungen ein meßtechnisches Modell steht, das man als das Rating-Verfahren bezeichnet. Grob gesagt kann man bei Befragungen den angesprochenen Menschen Listen mit Werte-Bezeichnungen vorlegen, denen jeweils mehrere Antwortmöglichkeiten beigegeben sind (der Leser braucht sich nur an das kleine Experiment auf S. 13 zu erinnern, um sich das, was gemeint ist, vor Augen zu führen). Mit jeder Ankreuzung in der Liste, die ein Befragungsteilnehmer vornimmt oder veranlaßt, entscheidet er sich für einen Ausprägungsgrad eines Wertes, aus dem erkennbar ist, welche Bedeutung, Wichtigkeit oder Geltung er ihm zuschreiben möchte. Addiert man die einzelnen Ausprägungsgrade, die einem Wert von sämtlichen Befragungsteilnehmern zugeschrieben werden und dividiert man die Endsumme durch deren Anzahl, dann erhält man einen statistischen Mittelwert, das sogenannte „arithmetische Mittel". War die Befragung „repräsentativ", dann kann man zu einer Aussage über die durchschnittliche Geltung des betreffenden Wertes in der Bevölkerung zum Zeitpunkt der Befragung gelangen.

Wenn man nun also zu der Feststellung gelangen kann, daß sich die empirische Geltung der Pflicht- und Akzeptanzwerte und der Selbstentfaltungswerte in der Bevölkerung der Bundesrepublik im Verlauf des Wertwandlungsschubs in Richtung mittlerer Ausprägungsgrade veränderte, so heißt dies mit anderen Worten, daß sie sich hinsichtlich ihres Gewichts einander angenähert haben und infolgedessen in einer Art *gleichgewichtiger Koexistenz oder Mischlage* existieren.

Die Feststellung, die sich dabei ergibt, erscheint auf den ersten Blick zwar viel weniger dramatisch als das Bild, das sich unwillkürlich einstellt, wenn man sich etwa eine vollständige Ersetzung (oder „Substitution") vormals vorherrschender Pflicht- und Akzeptanzwerte durch Selbstentfaltungswerte, d. h. also einen Wertumsturz vorstellt.

Ein solcher totaler Wertumsturz ist allerdings kaum eine reale Möglichkeit, sondern vielmehr nichts anderes als eines derjenigen Denkmodelle, von denen wir uns u. a. dazu motivieren lassen, uns auf das schwierige Geschäft der Analyse gesellschaftlicher Verhältnisse überhaupt einzulassen. Wenn sich im Verlauf des Wertwandlungsschubs eine vormalige Dominanz der Pflicht- und Akzeptanzwerte zugunsten ihrer unentschiedenen Konkurrenz mit Selbstentfaltungswerten abschwächte, so muß dies nichtsdestoweniger als eine äußerst einschneidende Veränderung der gesellschaftlichen Wirklichkeit mit sehr weitreichenden Folgen angesehen werden.

Es kommt hinzu, daß das über die gesamte Bevölkerung hinweg ermittelte Durchschnittsbild natürlich erhebliche Unterschiede zwischen den einzelnen Bevölkerungsgruppen verdeckt.

Wie schon an früherer Stelle gesagt, wurden junge Menschen mit gehobenem Bildungsniveau in einem besonderem Maße vom Wertwandel betroffen. Hinter dieser trockenen Feststellung versteckt sich die Tatsache, daß es in beträchtlichen Teilen der Jugend in der Tat das krasse Phänomen eines totalen Wertumsturzes gab. Man braucht sich nur die Studentenrevolution der ausgehenden 60er und der beginnenden 70er Jahre vor Augen zu führen, um dies einzusehen. Die Gesellschaft erhielt durch die alles infrage stellende Aggression der jungen Rebellen einen Stoß, der zeitweilig das gesamte System zu erschüttern schien. Ergab sich bei einzelnen Gruppen also eine Abweichung vom Durchschnitt in Richtung des Wertumsturzes, so ließ sich bei anderen Teilgruppen, vornehmlich bei älteren Menschen mit niedrigem Bildungsniveau, die umgekehrte Abweichung in Richtung eines Verharrens bei den „alten" Werten oder Wertkonstellationen feststellen. Es entstanden hierdurch aber *Spannweiten der Wertdivergenz,* die es vorher nicht gegeben hatte und die ein zeitweilig sehr heftiges Auflodern des Generationenkonflikts zur Folge hatten.

Es kommt aber weiter hinzu, daß dort, wo die Menschen weder dem Extrempol des Wertumsturzes noch dem einer wandlungsabstinenten Beharrung zuzurechnen waren, wo also die neuartige Koexistenz der beiden kontrastierenden Wertegruppen unmittelbar als Binnensachverhalt der Psyche des einzelnen in Erscheinung trat, *innere Spannungszustände, Ungewißheiten und Konflikte* zu bewältigen oder auch nur auszuhalten waren, für die es — jedenfalls im Massenbereich der Gesellschaft — kaum irgendwelche bekannten Vorbilder gab, auf die man sich beziehen und denen man praktikable Lösungsmuster abgewinnen konnte.

Folgen des Wertwandlungsschubs

● Werteschwankungen und -spannungen; Entlastung als psychodynamische Problemlösung

Es muß insbesondere auch von daher verstanden werden, wenn seit der zweiten Hälfte der 70er Jahre, d. h. also seit dem *Ende des Wertwandlungsschubs,* verhältnismäßig deutliche und kurzfristige *Schwankungen der Wertausstattung* der Bevölkerung eintreten, die auch und gerade die Anteile der Pflicht- und Akzeptanzwerte und der Selbstentfaltungswerte betreffen. Angesichts der mit dem Wertwandlungsschub herbeigeführten unentschiedenen Mischlage und Konkurrenz beider Wertegruppen hat sich offenbar eine in sich selbst ungefestigte (oder „labile") Situation eingestellt. Man kann zwar davon ausgehen, daß die mittleren Ausprägungsgrade, die sich auf beiden Seiten ergeben hatten, keinesfalls völlig zufällig sind und daß — jedenfalls zunächst noch — Kräfte vorhanden sind, die darauf hinwirken, diese Ausprägungsgrade und das mit ihm verbundene ungefähre Gleichgewicht aufrechtzuerhalten (oder: zu „stabilisieren"). Nichtsdestoweniger ermöglicht die eingetretene Situation keine stabile Gleichgewichtslage der Werte. Die beiden miteinander konkurrierenden Seiten der Werteflügel weisen vielmehr gleichermaßen *Expansionspotentiale* auf, die durch die jeweiligen sozioökonomischen und politischen *Situationsbedingungen* begünstigt und aktiviert oder aber auch benachteiligt und inaktiviert werden, wobei insbesondere dem Wellengang der Wirtschaftskonjunktur eine vormals undenkbare Chance der Einwirkung auf die Tiefenschichten der Sozialpsyche zuzukommen beginnt.

Besonders bemerkenswert ist hierbei, daß den Menschen die sie selbst erfassende innere Fluidität nur wenig bewußt wird. Sie vollziehen also nur in einem sehr begrenzten Maße bewußte Umorientierungen, sondern passen sich vielmehr bis ins Innere hinein der jeweils vorherrschenden, durch die Massenmedien aufgegriffenen, verstärkten und gewissermaßen institutionalisierten Stimmung an. Es läßt sich dem die psychologische These hinzufügen, daß für die Menschen diese *Anpassung* mit einer Entlastung von der dissonanzhaltigen Ambivalenz ihrer Wertorientierungen einhergeht. Als Angepaßter kann man selbst inmitten heftiger Schwankungsbewegungen der Werte stets in einer bestimmten Richtung schwimmen, wobei es keine besondere Rolle spielt, daß diese Richtung wechselt.

Entlastungen vom psychischen Innendruck der Wertambivalenz können allerdings auch auf andere Weise erreicht werden, so insbesondere durch *Sphärentrennungen* verschiedener Art.

Eine solche Sphärentrennung findet sich in einer Unzahl von Varianten dort, wo die Menschen auf unterschiedliche Anforderungen verschiedener Lebensbereiche und Beziehungsfelder durch Ziehung verschiedenartiger Wertregister reagieren. Der auffälligste Fall ist natürlich der, daß man in der Konfrontation mit den Anforderungen der Arbeitswelt Pflicht- und Akzeptanzpotentiale aktiviert, die man nach dem Passieren des Werktors oder der Pforte zugunsten von freizeitbezogenen Selbstentfaltungswerten in den Hintergrund treten läßt. Die verstärkte Neigung zum Kleidungswechsel beim *Übergang von der Arbeit in die Freizeit* deutet auf unterstützende Verhaltensweisen hin, die diesen Wechsel der inneren Ausrichtung erleichtern. Die Unterscheidung von Pflicht- und Freiheitssphären im alltäglichen Lebensablauf kann aber z. B. auch dort beobachtet werden, wo junge Menschen begeistert Idolen zujubeln, die ihnen extreme Grade emotionaler Expressivität vor Augen führen und die ihr Phantasieleben stark beeinflussen, ohne daß dies jedoch direkte Konsequenzen für ihre alltägliche Lebensführung zu haben braucht.

● Neuartige Funktionen der Kultur

Es werden an diesem Punkt neuartige gesellschaftliche Funktionen der Kultur erkennbar, die bisher noch viel zu wenig reflektiert worden sind. Die Kultursphäre enthüllt nämlich eine enorme Fähigkeit und Kapazität, im Alltag abgedrängte Selbstentfaltungsbedürfnisse auf eine imaginative Weise zu befriedigen. Natürlich knüpft eine solche Feststellung an ältere Thesen einer kulturellen Ersatzbefriedigung sozialer Bedürfnisse an, aber sie greift weiter aus. Indem die Kultur gegenwärtig immer mehr zu einer Lebenssphäre sui generis aufgewertet wird, wird sie auch zunehmend selbst zu einer Alltagssphäre, in der man lebt. Sie kann, genauer gesagt, im Grenzfall zu einer *Gegensphäre* (oder Gegenwelt) werden, in welcher sich konsequenterweise u. a. auch Gegen-Sozialformen entwickeln, die bis in ihre konstitutiven Grundformeln hinein Negierungen und Umkehrungen gesellschaftlicher Strukturen herkömmlicher Art verkörpern. W. Lipp (1988) hat diesen Sachverhalt hellsichtig in den Blick genommen, indem er zwischen „Institutionen" und „Veranstaltungen" unterscheidet und dem ersteren Bereich u. a. die Funktionen einer Formierung des Menschen, dem zweiten aber die seiner De-Formierung (oder: Entfesselung, Entschränkung, Befreiung) zuschreibt.

Was ist heute „reales" Leben? Was ist „Schein", was „Illusion", „Inszenierung", „Ersatz"? Man frage junge Menschen danach, und man wird erstaunt darüber sein, wie wenig die Grenzziehungen, die sie vornehmen, noch mit den herkömmlichen Unterscheidungen zwischen einem von Pflichten bestimmten „Alltag" und einer unverbindlicheren Sphäre der „Musen" zu tun haben. Vielen liefert eine mit der „Freizeit" verschmelzende Kultur heute bereits das Eigentliche, während ihnen zahlreiche gesellschaftliche Anforderungsgehalte nicht nur trivial, sondern auch als „falsch", „vorgespiegelt" oder — zum Zweck der Kaschierung fremder Interessen — „inszeniert" erscheinen.

● Der Kerngehalt des Mentalitätswandels

Es scheint an dem hier erreichten Punkt dringlich zu werden, sich die Folgen des Wertwandels in einer systematischeren Weise vor Augen zu führen. Zu diesem Zweck soll zunächst einmal versucht werden, den Kerngehalt desjenigen Mentalitätswandels zu charakterisieren, der sich mit dem Übergang von Pflicht- und Akzeptanzwerten zu Selbstentfaltungswerten oder auch mit einer stärkeren Beeinflussung durch Selbstentfaltungswerte (und einem gleichzeitigen Zurücktreten von Pflicht- und Akzeptanzwerten) verbindet. Hierbei soll von der Möglichkeit Gebrauch gemacht werden, das Wesentliche dieses Wandels auf eine idealtypische Weise zu kennzeichnen.

In der Tat läßt sich der Mentalitätswandel, der sich mit einem stärkeren Vordringen von Selbstentfaltungswerten verbindet, verhältnismäßig kompakt als ein — in der Wirklichkeit mehr oder weniger entschieden vollzogener — Übergang von einem *nomozentrischen* zu einem *autozentrischen* Selbst- und Weltverständnis verstehen.

Kurz gesagt sieht, erlebt, beurteilt und bewertet der *Nomozentriker* sich selbst als ein Wesen, das nicht nur in einer stark ausgeprägten Abhängigkeit gegenüber seiner gesellschaftlichen Umwelt, sondern grundsätzlich auch in deren Schuld steht. Er neigt dazu, sich selbst als ein unvollkommenes Wesen zu sehen, das auf seine Umwelt angewiesen ist und das niemals in der Lage wäre, sein Leben nur aus sich selbst heraus zu meistern. Er wird dieser sei-

ner Umwelt oder deren legalen Repräsentanten grundsätzlich Autorität zuschreiben und darum bemüht sein,
sich an diejenigen Normen und Regeln, deren Einhaltung
ihm angesonnen wird, zu halten. Sein Selbstwertgefühl
wird sich zentral aus dem Vollzug von Zugehörigkeits-
rechten und -pflichten, wie auch aus der ihm zuteil werdenden Würdigung von Verdiensten und Leistungen zugunsten der Gemeinschaft speisen, der er sich zurechnen
darf. Menschen, bei denen Pflicht- und Akzeptanzwerte
sehr deutlich im Vordergrund stehen, sind dementsprechend stolz auf sich, wenn sie sich verdient gemacht haben. Man wird ihnen zwar zubilligen dürfen, daß sie auch
eigene Lebensinteressen besitzen. Sie sind jedoch in allen
denjenigen Fällen, in welchen Abwägungen erforderlich
sind, dazu bereit, solche Interessen zurücktreten zu lassen, ohne zu klagen und ohne ein deutliches Verlustemp-
finden zu besitzen.

Der Anerkennung ihrer Verdienste und Leistungen werden sie allerdings großen Wert zumessen. Sie werden
auch gegen Ungerechtigkeiten oder Unachtsamkeiten bei
der Verdienst- und Leistungsanerkennung sehr empfindlich sein — nicht nur, weil sie sich in ihren Ansprüchen
geschädigt sehen, sondern in erster Linie deshalb, weil sie
sich in ihrer „Ehre gekränkt" fühlen. Zusätzlich werden
sie ein starkes Bedürfnis nach Geborgenheit in einer sie
umgebenden Gemeinschaft entwickeln. Man geht nicht
fehl, wenn man daraus die Folgerung ableitet, daß der
Nomozentriker dann, wenn er nicht über eine ausge-
baute Selbstversorgungsbasis verfügt, ein idealer Sozial-
staatsbürger sein wird.

Ganz anders der *Autozentriker,* der sich in erster Linie an
den Kräften und Kapazitäten der eigenen Person orien-
tiert, zu denen auch die ihm zukommenden oder die von
ihm in Anspruch genommenen Individualrechte zählen.
Der Autozentriker fühlt sich entweder eo ipso der gesell-

schaftlichen Umwelt gegenüber stark und unabhängig oder doch zumindest unabhängigkeitsberechtigt. Er geht deshalb auch nicht davon aus, in der Schuld der Umwelt zu stehen, sondern rechnet umgekehrt eher seiner Umwelt eine grundsätzliche Schuld zu, die sie an ihn abzutragen hat. Er wird von daher auch dazu neigen, sein Verhältnis zu seiner Umwelt nicht auf der Grundlage eigener Pflichten, sondern vielmehr unter Bezugnahme auf Rechte zu definieren (wobei ihm natürlich fast alle neueren Philosophien wie auch einschlägige Verfassungsartikel, die psychoanalytischen Theorien und zahlreiche tägliche Presse- und Fernsehkommentare Schützenhilfe leisten, so daß man ihn auch schlicht als einen „aufgeklärten" Menschen ansprechen könnte). Sein Selbstwertgefühl wird zwar keineswegs gänzlich leistungsunabhängig sein, wie man manchmal fälschlicherweise gemeint hat. Ausschlaggebend sind hierbei jedoch das Selbsterlebnis eigener Stärke, Kraft, Kompetenz, oder Originalität und Kreativität wie auch die Anerkennung, die solchen Eigenschaften seitens einer von ihm als relevant eingestuften Umgebung zuteil wird. Im Grenzfall wird es sich hierbei auch um schöpferische Faulheit handeln können, d. h. also um eine Qualität, die nach gängiger Auffassung nicht zum Gedeihen einer Gemeinschaft beiträgt, denn Gemeinschaftspflichten wird er nur unter der Bedingung akzeptieren, daß sie ihm selbst als sinnvoll erscheinen.

- Aspekte der autozentrischen Orientierung —
  Entgrenzung des Meinungskompetenzanspruchs

Das vorstehende kompakte Psychogramm des Autozentrikers läßt sich in verschiedene Einzelaspekte ausdifferenzieren, in denen grundsätzliche Bezüge des Menschen zu sich selbst und zur Welt zur Geltung kommen.
Erstens wird der Autozentriker — sofern er konsequent

ist — seine *individuelle Rationalität und Beurteilungsfähigkeit* als die einzige legitime Instanz betrachten, die zur Bewertung von Sachverhalten, die an ihn herangetragen werden, berechtigt ist. Wohlgemerkt geht es hierbei nicht nur um Dinge, die er aufgrund selbsterworbener Kenntnis und eigener Handhabung beherrscht, sondern grundsätzlich um alles, was ihm irgendwie bedeutsam und wichtig erscheint. Er wird dementsprechend zumindest nicht von Haus aus geneigt sein, die Welt, die ihm die Medien präsentieren, als „überkomplex" und „unverstehbar" einzustufen, sondern vielmehr eine *Kompetenz der generellen Meinungsbildungsfähigkeit* für sich in Anspruch nehmen. Interessanterweise stellt sich bei Meinungsumfragen immer wieder heraus, daß die Mehrzahl der Befragten heutzutage bereit ist, auch zu den allerschwierigsten Fragen definitive Meinungsurteile abzugeben. Die Antwortkategorie „weiß nicht, keine Meinung" wird überwiegend nicht deshalb in Anspruch genommen, weil die Befragten sich für inkompetent halten, sondern weist eher auf Widersprüche in den vorhandenen Informationsgrundlagen und Einstellungstendenzen und auf hierauf zurückzuführende Enthaltungen hin. Es kann dementsprechend nicht überraschen, wenn diese Kategorie seit den 60er Jahren nur noch in einem absinkenden Maße benutzt wurde.

Realistischerweise wird man beim Blick auf die Wirklichkeit allerdings in Rechnung zu stellen haben, daß die Art und Weise, in der in den Medien die Wirklichkeit dargestellt und kommentiert wird, in einem sehr starken Maße zu derjenigen Komplexitätsunterschätzung beiträgt, der der Autozentriker ohnehin zuneigt. Dies gilt insbesondere für das Fernsehen, das sich auch dort als entschlossener Vereinfacher betätigt, wo Lehrstoffe für breitere Zuschauerkreise aufbereitet werden. Inzwischen hat sich die Auffassung durchgesetzt, daß eigentlich nichts zu schwer ist, um nicht von jedermann verstanden zu werden. Der Medienbenutzer erhält darüber hinaus den psychologischen Mehrwert zugespielt, daß er die Dinge offenbar besser versteht als die handelnden Akteure im Bereich der Politik, der Wirtschaft, der Verwaltung oder des Rechtswesens. Diese erscheinen als fehlerbehaftet und möglicherweise sogar korrupt, so daß dem Medienbenutzer ein Gefühl der Überlegenheit vermittelt wird, das sich — je nach öffentlicher Stimmungslage — mit Gefühlen der Frustration, der Resignation, des Zynismus oder auch der Empörung vermischen kann.

● Individualisiertes Nutzwertdenken

Mit dieser kognitiven Kompetenzbeanspruchung verbindet sich beim konsequenten Autozentriker nun aber auch ein Anspruch, an alles das, was öffentlich zu entscheiden ist, individuelle Nutzwertgesichtspunkte heranzutragen. Diese Feststellung bezieht sich einerseits auf eine ganz zweifellos vorhandene *egoistische Komponente* im Erwartungs- und Anspruchshaushalt des Autozentrikers. Wohlgemerkt kann man nicht ausschließlich den Wertwandel verantwortlich machen, wenn in letzter Zeit öfters festgestellt werden mußte, daß in der Bevölkerung eine zunehmende Neigung besteht, von Anspruchsberechtigungen mit einer wachsenden Unbefangenheit — oder sogar mit einer Bereitschaft, sie zu überziehen — Gebrauch zu machen. Es spielt hierbei vielmehr auch die Institutionalisierung des Sozialstaats und die Ausbreitung der Einsicht eine Rolle, daß es gänzlich „normal" ist, sich von Staats wegen unterstützen und versorgen zu lassen, und daß man letztlich ja für das, was man entnimmt, mit Steuern und sonstigen Beiträgen vorab schon bezahlt hat. Ausklammern kann man den Wertwandel aus den Ursachen dieser Entwicklung jedoch wohl kaum, und es kann die These gewagt werden, daß er zumindest als eine ihrer notwendigen Bedingungen angesehen werden kann.

Die egoistische Komponente schöpft die Bedeutung der mit der autozentrischen Grundeinstellung verknüpften Betonung individueller Nutzwertgesichtspunkte nun allerdings keineswegs aus. Im Gegenteil kann man sogar sagen, daß dies nur die eine Seite der Medaille ist. Auf deren anderer Seite begegnet man der mindestens ebenso folgenreichen Neigung, an alle Entscheidungsstoffe, die im Staate auftauchen, wie auch an alle öffentlichen Normsetzungen, Programme und Einrichtungen *Bewertungsgesichtspunkte des Endverbrauchers* heranzutragen.

Es hat dies mit „Egoismus" im strengen Sinne des Wortes nichts zu tun, da sich ja der einzelne, der z. B. Ausgaben für die Bundeswehr oder für die Weltraumfahrt oder auch staatliche Ziele wie die „Funktionsfähigkeit der Verteidigungskräfte" und die „Förderung der Investitionsfähigkeit der Wirtschaft" beurteilt, bei Stellungnahmen zugunsten von Einsparungen keinen unmittelbaren Effekt für die eigene Lohntüte ausrechnen kann. Allerdings wird es ihm um *Nutzenabwägungen* gehen, bei denen er die Bedeutung staatlicher Ziele, Programme, Entscheidungen und Einrichtungen für ihn selbst und seinesgleichen abschätzen wird, wobei also auf jeden Fall sogenannte Output-Überlegungen maßgeblich sein werden. Mit anderen Worten ist die *Akzeptanz öffentlicher Aktivitäten* unter dem Einfluß des Wertwandels angesichts des Vordringens der mit ihm verbundenen autozentrischen Grundeinstellung in einem Maße fraglich geworden, das vorher überhaupt nicht vorstellbar war.

Man kann davon ausgehen, daß es zur nomozentrischen Grundeinstellung gehört, den öffentlichen Institutionen — an ihrer Spitze natürlich dem Staat — in einem erheblichen Maße ein Autoritätsgewicht zuzubilligen, das u. a. auch einen breiten Bewegungsspielraum für systemnotwendige Funktionen und Aktivitäten oder für die Praktizierung innerer Souveränität einschließt. Daß man in einer Systemumwelt lebt, die durch vielfältige öffentliche Entscheidungen jenseits des eigenen Kenntnis- und Beurteilungshorizonts, d. h. also durch *kollektive Rationalität*, vorstrukturiert und vorentschieden ist, stellt hier überhaupt kein Problem dar, sondern gehört zu den Normalbedingungen des Lebens, die als solche Akzeptanz genießen.

Dies alles ändert sich jedoch mit dem Vordringen der autozentrischen Grundeinstellung. Akzeptanz muß nunmehr von Fall zu Fall erarbeitet und sichergestellt werden, wobei immer wieder von neuem Dialogfähigkeit und Überzeugungskraft in der Auseinandersetzung mit einer individuellen Rationalität zu entwickeln sind, die die Dinge naturgemäß unter einem verkürzenden Blickwinkel bewertet.

Den Wind des (Wert-)Wandels haben insbesondere auch die politischen Parteien zu spüren bekommen, die heute viel mehr als früher an ihrer Fähigkeit gemessen werden, im Hinblick auf Probleme, denen besondere Aktualität und Gewichtigkeit zugeschrieben wird, ein Kompetenzprofil aufzubauen. So haftet z. B. der CDU/CSU hartnäckig das Image an, eine „Wirtschaftspartei" zu sein, die aber im sozialen Bereich Schwächen aufweist, die man also wählt, wenn es ums Wirtschaftswachstum geht, der man aber besser den Rücken kehrt, sobald dieses garantiert erscheint.

Legitimitätsgewinnung wird somit zu einem Dauergeschäft, zumal die Stammmwähler knapper werden. Auch Wählergruppen, die man bereits für sich gewonnen hatte, kann man nicht mehr unbesehen zu den Seinen rechnen. Diese Einsicht zu vollziehen, fällt den politischen Parteien schwer, da sie sich immer noch an ideologischen Programmsätzen und Zielen orientieren und einen Identitätsverlust befürchten, wenn sie sich „opportunistisch" (lies: flexibel gegenüber wechselnden Problemprioritäten bei den Wählern) verhalten. Wer sich hier widerspenstig verhält, der wird jedoch hinweggeblasen werden, wie man unschwer prognostizieren kann — es sei denn, die nomozentrische Grundeinstellung gewinnt wieder an Boden, oder der wirtschaftsbezogene Schwerpunkt des eigenen Kompetenzprofils wird wieder aktuell, weil sich z. B. die Konjunkturlage ändert.

● Bedürfnisse nach personaler Verwirklichung

Zu den wesentlichen ausdifferenzierungsfähigen Aspekten der autozentrischen Grundeinstellung gehört nun weiter ein Bedürfnis, sich als *autonome Person* zu verwirklichen, auszuleben und „einzubringen", das in der Tat inzwischen dem gesellschaftlichen Leben allenthalben seine Spuren eingeprägt und in der Alltagssprache verändernd gewirkt hat. Es handelt sich bei diesem als Massenerscheinung neuartigen Bedürfnis bei Licht betrachtet um ein ganzes Bündel (oder „Syndrom") miteinander zusammenhängender Einzeldispositionen, die zum Zweck der Gewinnung einer größeren Erfassungsschärfe einzeln beschrieben werden sollen.

Eine große Rolle spielt ein *Bedürfnis nach Ungezwungenheit*, das sich sowohl in einer Neigung zu „informalen" Umgangsformen wie aber auch in einer Abwehr (oder „Reaktanzneigung") gegenüber der Zumutung niederschlägt, sich zum Objekt formalisierter Handlungsanweisungen machen zu lassen, wie sie gegenwärtig noch in praktisch allen größeren Organisationen üblich sind. Auch „hierarchisch" geordnete Sozialzusammenhänge, in denen Weisungsverhältnisse eine spürbare Rolle spielen, werden vom Autozentriker negativ erlebt, da sie einen mehr oder weniger unpersönlich gefärbten Zwang mit sich bringen, der darauf hinausläuft, sich selbst als Person zurückzunehmen, zu neutralisieren, in ein „Rollen"-Gehäuse hineinzuzwängen, in welchem man in einer „entmenschlichten" Weise zu einem „mechanischen" Handeln verurteilt wird.

Es läßt sich weiterhin aber auch ein *Bedürfnis nach Unbefangenheit* feststellen, das in sublimere Bereiche eines sich wandelnden Selbstideals der Bevölkerung hineinweist. „Die Bürger der Bundesrepublik träumen davon", schrieb Helge Pross 1982, „angstfrei, unabhängig und expansiv, also nicht gehemmt, nicht schüchtern, nicht kontaktscheu zu sein. Die gleichen Werte hegen sie auch für ihre Kinder". Es kann dieser Feststellung die Beobachtung hinzugefügt werden, daß mit diesem Wandel des Selbstideals allenthalben mehr oder weniger gekonnte, oft allerdings auch zunächst noch unbeholfen oder vielleicht sogar komisch wirkende Vorstöße in das Neuland des unbefangenen Verhaltens verbunden waren. Allerdings traten ganz offensichtlich auch Erlebnisse innerer Schranken und kommunikativer Schwierigkeiten in Erscheinung, die zu psychischen Störungen führen mußten. Es ist hierfür symptomatisch, daß sich vor einiger Zeit die Psychotherapeuten darum bemühten, bei den Kassen die Anerkennung von Schüchternheit als eine behandlungsfähige Krankheit zu erreichen.

Wir finden eine dritte Komponente der personalen Orientierung, wenn wir uns das Bedürfnis des Autozentrikers nach *Echtheit oder Unmittelbarkeit* des eigenen Verhaltens im gesellschaftlichen Umfeld vor Augen führen, das u. a. auch auf eine Neigung hinweist, das, was man jeweils fühlt, die eigene Emotionalität also, unverstellt zum Ausdruck zu bringen (man könnte daher auch von einem „Expressivitätsbedürfnis" sprechen). Die *quasi-moralische* Note, die diesem Bedürfnis anhaftet, kommt darin zum Ausdruck, daß man in der Umgangssprache das, was gemeint ist, öfters mit dem seiner früheren Bedeutung völlig entkleideten Wort „ehrlich" anspricht. Wenn der Autozentriker „ehrlich" sein will, dann heißt dies einerseits, daß er sich ohne Rück- und Hinterhalt, gleichzeitig aber auch ohne eine verfälschende gesellschaftlich aufgezwungene Maske geben und darstellen will, schlicht so, wie er ist, denkt und fühlt. Dies bringt natürlich die Konsequenz mit sich, daß er sich von allen Zwängen der Unterordnung unter ihm anstößig erscheinende Normen des Takts, der Höflichkeit, der Selbstbeherrschung grundsätzlich entlastet fühlt. Er wird aber auch dazu neigen, in gefühlsmäßig begründete zwischenmenschliche Beziehungen, d. h. insbesondere in Liebesverhältnisse, das Prinzip der Ehrlichkeit einzuführen. Emotionale Abkühlungen, wie sie in solchen Verhältnissen zumindest als eine zeitweilige Erscheinung unvermeidlich sind, führen dann leicht zur Krise und zur Trennung, weil man davon ausgeht, nunmehr sei ja die eigentliche Legitimitätsbasis des Verhältnisses nicht mehr existent. Wenn man heute verschiedentlich die sogenannte sequentielle Treue jüngerer Menschen aufs Korn nimmt und moralisch disqualifiziert, dann übersieht man gewöhnlich diese verzwickte Problematik, die häufig durch das Dazukommen eines Dritten kompliziert wird, zu dem sich einer der Partner emotional hingezogen fühlt. Die Trennung vom bisherigen Partner erfolgt dann nicht unbedingt aus einem Abwechslungsbedürfnis heraus, sondern in der Mehrzahl der Fälle aufgrund der Meinung, die Beziehung nicht ohne Unehrlichkeit weiterführen zu können, gewissermaßen also aus einem Gefühl der Verpflichtung gegenüber der eigenen Gefühlsinstanz heraus, die als innere Autorität akzeptiert wird.

In einer deutlichen Nähe hierzu steht eine Bedürfniskomponente, die als *Bedürfnis nach Selbstverwirklichung* angesprochen werden kann. Es ist hiermit der Wunsch und die Bemühung gemeint, das, was der einzelne als sein Potential ansieht (d. h. also die in seinem Selbstbild vorhandenen Vorstellungen eigener Fähigkeiten und Neigungen), möglichst uneingeschränkt zu realisieren. Die Grundeinstellung des Autozentrikers begegnet sich hier mit dem Erziehungsideal der deutschen Klassik wie auch mit denjenigen Erwartungen, die herkömmlicherweise an die Berufswahl junger Menschen herangetragen werden. Ihnen wird allerdings angesonnen, ein berufliches Leitbild zu besitzen, das eine möglichst klare Zielsetzung der beruflichen Entwicklung und eine damit verbundene Lebensplanung einschließt. Der Autozentriker wird sich hierzu nicht unbedingt bereitfinden wollen und können, weil dies mit seinem Expressivitätsbedürfnis in Widerspruch steht. Er wird vielmehr das hic et nunc betonen, d. h. also z. B. diejenige unmittelbare Neigungsentfaltung, die ihm an seinem gegenwärtigen Arbeitsplatz zuteil wird. Die Langfristperspektive wird demgegenüber verblassen, und mit ihr wird auch das Chancenpotential, das die eigene Lebenszukunft bereithält, viel unwichtiger. „Wir wollen alles, und zwar sofort", dieser Slogan der Spontis aus den zurückliegenden Jahren bringt in einer krassen Überhöhung etwas zum Ausdruck, was überall da, wo Selbstentfaltungswerte zur Geltung gelangen, ans Tageslicht drängt. Daß Karrierechancen von Studenten weniger hoch eingeschätzt werden als früher und auch nicht mehr im früheren Maße angestrebt werden, ist eine Erkenntnis, die sich aus den Untersuchungen L. v. Rosenstiels und M. Stengels (1987) mit aller wünschenswerten Deutlichkeit ablesen läßt. Die Gestaltung des Arbeitsplatzes wird bei alledem aber als ein Ziel innerbetrieblicher Organisationsarbeit aufgewertet, und die Bedeutung einer „kooperativ" praktizierten Führung steigt an.

Die fünfte Dimension der personalen Orientierung steht unter dem Stichwort eines *Bedürfnisses nach Handlungs-*

spielraum. Was hiermit gemeint ist, läßt sich am besten charakterisieren, wenn man sich der Arbeitssphäre zuwendet, in der bezeichnenderweise in letzter Zeit Programme eine zunehmende Rolle spielen, bei denen es um „job enlargement" oder auch um „job enrichment" geht. Es wird hierbei davon ausgegangen, daß die *Empfindlichkeit gegen Monotonieeffekte* einfacherer und langweiligerer Arbeiten im Ansteigen ist und daß es darum geht, die Arbeitsaufgaben möglichst so zuzuschneiden, daß sich eine sogenannte *intrinsische Arbeitsmotivation* entfalten kann. Abgesehen davon, daß auch hierbei die Möglichkeit der Entfaltung eigener Fähigkeiten und Neigungen eine Rolle spielt, kommen verschiedenartige Aspekte des Autonomiegrads der Tätigkeit ins Spiel, so die zeitliche Dauer des einzelnen Arbeitsvollzugs, der Variationsspielraum der Arbeitsdurchführung und die Chance der Mitwirkung an der Gestaltung der Arbeitsbedingungen. Man trifft, zusammenfassend gesagt, eine Seite dessen, worum es bei alledem geht, wenn man schlicht sagt: Die Arbeit soll „Spaß" machen. Sie soll aber auch „neue Erfahrungen" ermöglichen, und sie soll das Gefühl der „Beherrschung" des eigenen Handlungsraums vermitteln. Von hier aus eröffnen sich breite Zugangsschneisen, die von der Arbeitssphäre in andere Lebens- und Handlungsbereiche hineinführen. So hat die modische Technikkritik überall dort keine Chance, wo moderne Technologien den Menschen gerade diese drei lustbetonten Erlebnisgehalte — Spaß, neue Erfahrungen und Beherrschung der eigenen Handlungsbedingungen — vermitteln. Der Siegeszug des Automobils, des Personal Computers und der Hobbytechnik ist insofern eng mit der Ausbreitung der Selbstentfaltungswerte gekoppelt, wenngleich gleichzeitig auch die modische Technikkritik in ihr einen Nährboden findet (sie wendet sich aber bezeichnenderweise eigentlich immer nur gegen diejenigen Großtechnologien, die den Bedürfnissen nach personaler Autonomie nur wenige Anhaltspunkte bieten oder die der Verwirklichung dieser Bedürfnisse aufgrund ihrer Verbindung mit anonymen Kräften, Interessen und Strukturen sogar abträglich zu sein scheinen).

Wir stoßen auf eine sechste Dimension der personalen Orientierung, wenn wir uns einem *Bedürfnis nach Resonanz* zuwenden, das in den verschiedensten und scheinbar gänzlich unzusammenhängenden Formen in Erscheinung tritt. Grob gesagt ist auch ein Mensch, der sich als autonome Person empfindet und verhält, auf Rückmeldungen angewiesen, die ihm Auskunft über die Wirkungen — ggf. auch über die Erfolge — seiner Handlungen geben. Man kann sogar noch einen Schritt weitergehen und sagen, daß insbesondere der Autozentriker in einer Abhängigkeit von solchen Rückmeldungen steht, da ihm die Chance einer in sich selbst lustvollen Befolgung von Regeln, die dem Nomozentriker zur Verfügung steht, weitgehend abgeht. Nur über Rückmeldungen solcher Art wird dem Autozentriker nämlich diejenige Selbstkontrolle zuteil, in der sich seine Autonomie gewissermaßen abrundet und deren Fehlen ihm das Gefühl gibt, ins Leere hinein zu handeln, d. h. ihn also in seinem Selbstwertgefühl beschneidet. Man wird an dieser Stelle sehr deutlich ins Auge zu fassen haben, daß gerade die Vermittlung von Rückmeldungen eine der entscheidenden Chancen zur Integration des Autozentrikers in arbeitsteilige gesellschaftliche Leistungszusammenhänge bietet. Wenn ein Vorgesetzter einen Autozentriker auf eine Art und Weise lobt, die diesem eine sachhaltige Information über seine Handlungserfolge zuspielt, dann wird er u.U. eine unverzichtbare Funktion im Rahmen der Persönlichkeitsdynamik des Mitarbeiters wahrnehmen können. An siebter und letzter Stelle stoßen wir auf das heute so häufig angesprochene *Bedürfnis nach Sinn,* das den Autozentriker unverkennbar kennzeichnet, das aber inzwischen bereits zum Repertoire des populärpsychologischen Selbstverständnisses der Gesellschaft gerechnet werden muß und den Charakter einer sozialen Erwartungsnorm angenommen hat. Persönlichkeitsdynamisch betrachtet handelt es sich bei diesem Bedürfnis um den Wunsch, das eigene Handeln in einem größeren Bedeutungszusammenhang verorten zu können, dem eine positive Bewertung zuschreibbar ist. Daß auch und gerade der Autozentriker ein solches Bedürfnis entwickelt, scheint auf den ersten Blick einen Widerspruch in seiner Psychologie aufzudecken, da ja die Selbstzurechnung zu einem übergeordneten Zusammenhang unvermeidlich eine Bereitschaft zur Selbstrelativierung mit einschließt. Der Autozentriker ist aber kein Solipsist, der auf der Welt nur sich selbst wahrnimmt und die Existenz alles übrigen verdrängt. Er ist vielmehr ein Mensch, der die zwischen ihm selbst und der Welt bestehende Differenz deutlich wahrzunehmen versteht, ja, der sich angesichts seines Autonomiestrebens besonders häufig an der Welt reiben und Erlebnisse der Widerständigkeit und Fremdheit der Welt haben wird. Zu den typischen Problemen, denen er ausgeliefert ist, rechnet dementsprechend die „Entfremdung", die nichts anderes darstellt als einen Sinnverlust aufgrund des Gefühls, in einer Umgebung leben zu müssen, die sich verweigert und die bedrohlich unverständlichen Zielen zustrebt. Naturgemäß wird der Autozentriker den umgekehrten Wunsch verspüren, in einer Welt zu leben, die autozentrischen Idealen folgt und ihnen geöffnet ist. Bietet man ihm also eine „corporate identity" an, die diesen Wunsch in einer glaubwürdigen Weise aufnimmt, so wird man einen weiteren Zugangsweg zu seiner Integration in der Hand haben. Falls nicht gerade eine Stimmung der Ernüchterung oder der Resignation vorherrscht, wird man ihn aber mit hoher

Wahrscheinlichkeit auch für soziale Bewegungen begeistern können, die solche Ideale gegen die herrschenden Verhältnisse vertreten.

Ansätze zur Bewertung des Wertwandels

● Orientierungsgesichtspunkte

Die vorausgegangene Darstellung des Wertwandlungsschubs und seiner Folgen ist — ungeachtet ihres teils idealtypischen Charakters — empirisch gemeint. Ziel war nicht, den Wertwandel seit den 60ern zu bewerten, sondern ihn auf der Ebene seiner wesentlichen Einwirkungstendenzen zu erfassen. Diese Annäherungsweise hebt sich deutlich von den lautstarken Lobpreisungen und Verurteilungen ab, die der Wertwandel seit dem Beginn der 70er Jahre gefunden hat, ohne daß aber den Fakten genügend Aufmerksamkeit geschenkt worden wäre. Dessen ungeachtet kann und soll aber auch an dieser Stelle die Bewertung des Wertwandels nicht ausgeklammert bleiben. Sie soll nun vielmehr unmittelbar ins Blickfeld rücken, wobei eine differenzierende Vorgehensweise angestrebt wird.

Von vornherein sei hierzu festgestellt, daß eine pauschale Verurteilung des Wertwandels schon allein deshalb ausscheidet, weil sie einem Amoklauf gegen den Strom der Geschichte gleichkäme. Der Wertwandlungsschub seit den 60ern muß als ein *zeitgeschichtliches Ereignis* angesehen werden, das zwar auf Ursachen zurückgeführt werden kann, bei denen u. a. auch politische Entscheidungen und Einflüsse eine Rolle spielen, das nun jedoch nicht nur einmal geschehen ist, das vielmehr auch eine große Zahl irreversibler Folgeerscheinungen nach sich gezogen hat, mit denen wir heute — und wahrscheinlich auch noch in Zukunft — leben müssen, ob uns dies gefällt oder nicht.

Darüber hinaus muß aber auch eingesehen werden, daß ein Wertwandel zuungunsten von Pflicht- und Akzeptanzwerten und zugunsten von Selbstentfaltungswerten bis zu einem gewissen Grade unentrinnbar mit denjenigen Tendenzen einer materiellen und immateriellen *Modernisierung* verknüpft war, die mit der europäischen Renaissance einsetzte, die in der Aufklärung einen ersten Höhepunkt fand und die daran anschließend — wie bereits einmal gesagt — von der Dynamik der Industrialisierung weitergetragen wurde. Man kann sich mit gutem Recht auf den Standpunkt stellen, daß die besondere Stärke und Heftigkeit des Wertwandlungsschubs in der Bundesrepublik auch damit zusammenhing, daß hier im Vergleich zu anderen hochindustrialisierten Ländern ein Nachholbedarf aufzuarbeiten war, der einen vorher noch bestehenden Abstand zwischen gewissen Imperativen der sozio-ökonomischen Entwicklung und der Mentalitätsverfassung der Menschen beseitigte.

Hierbei sollen und können allerdings „overshoots", d. h. über ein „Evolutionsoptimum" (B. Fritsch, 1981) hinausführende Entwicklungssprünge, nicht ausgeschlossen werden. Außerdem läßt aber bereits die vorstehende Analyse deutlich werden, daß der Wertwandel in das Verhältnis zwischen Mensch und Gesellschaft Ambivalenzen, Belastungen und Konflikte eingeführt hat, die bisher noch keinesfalls die geeigneten Lösungen gefunden haben, sondern sich vielmehr — zumindest teilweise — auch gegenwärtig noch vergrößern, so daß es unvermeidlich erscheinen muß, sich ohne Scheuklappen mit den Problemseiten des Wertwandels zu beschäftigen.

Man kann hierbei eine Theorieperspektive zugrunde legen, die der Sozialpsychologe William I. Thomas (1923), einer der frühesten Wertforscher, bei seinen Untersuchungen zur Anwendung brachte. Thomas ging davon aus, daß die soziale Wirklichkeit als ein Produkt kontinuierlicher Wechselwirkungen zwischen individuellen „Wünschen" und sozial standardisierten „Definitionen" des Richtigen verstanden werden müsse, in denen sich im positiven Normalfall objektive Erfordernisse gesellschaftlicher Lebensbewältigung niederschlagen. Nach Thomas vollzieht sich von diesen Definitionen her, die erlernt und „internalisiert" werden müssen, eine dauernde Anpassung des von Haus aus keineswegs bereits gesellschafts- und kulturfähigen Menschen. Ereignet sich nun, so können wir Thomas ergänzen, ein Wertwandlungsschub größeren Ausmaßes, dann werden vorhandene Definitionen plötzlich unwirksam. Sie mögen zum Teil veraltet gewesen sein, so daß dem Wertwandlungsschub vielleicht die Qualität einer entwicklungsdienlichen Korrektur zukommt. Sie mögen aber durchaus auch noch angemessen und brauchbar gewesen sein, so daß der Wertwandel ein vorheriges *Gleichgewicht zwischen Mensch und Gesellschaft* (oder zwischen Psyche, Kultur und gesellschaftlichen Strukturen) gefährdet.

Es soll hier allerdings kein Versuch unternommen werden, die Bewertung des Wertwandels auf einer allgemeinen kulturtheoretischen Ebene anzusiedeln. Vielmehr sollen in aller Kürze fünf konkretere Fragen angesprochen werden, die sich teils sehr direkt aus der vorausgegangenen Analyse ableiten. Alle diese Fragen richten sich auf mögliche Problemfolgen des Wertwandlungsschubs im weiteren gesellschaftlichen Zusammenhang. Sie betreffen, wenn man so will, allesamt denkbare Verfallswirkungen des Wertwandels, und sie lassen sich somit einem Diskussionszusammenhang zuordnen, der nach W. Lipp (1988) in den Sozialwissenschaften im Laufe der vergangenen Jahre eine steigende Bedeutung erhalten hat.

Allerdings sei gleich vorweggesagt, daß von „Verfall" im Sinne eines schicksalsmäßig verhängten und unentrinnbaren Geschehens in diesem Band nirgends die Rede ist.

Wenn nachfolgend Probleme ausgemalt werden, dann geht es demgegenüber in allen Fällen immer nur um die Aufweisung *negativer Möglichkeiten*, die die Zukunft als Folgen eines heftigen Wandels bereithält, der die Gesellschaft über die etablierten Problembewältigungsleistungen und -fähigkeiten früherer Tage hinausgetrieben hat.

Man kann dies auch so ausdrücken, daß nachfolgend zunächst die problematischen Seiten desjenigen Möglichkeitsraums ausgeleuchtet werden, der mit dem Wertwandlungsschub ins Leben getreten ist. Daß dieser Möglichkeitsraum andererseits auch ungeahnt positive Seiten aufweist, werden wir uns dann anschließend sehr ausführlich vor Augen zu führen haben.

Fünf Problemkonturen

● Abkehr von den großen Organisationen?

Es war insbesondere der deutsche Soziologe Max Weber, der in den ersten Jahrzehnten dieses Jahrhunderts die Entdeckung verkündet hatte, zwischen der Modernisierung der Gesellschaft und der Ausbreitung großer Organisationen bestehe ein unentrinnbarer Zusammenhang. Er hatte die Pointe hinzugefügt, daß dieser Vorgang mit der Ausbreitung des Prinzips der „bürokratischen Organisation", d. h. aber gleichzeitig auch mit dem Zwang zu einem arbeitsteiligen Verhalten im Rahmen genau festgelegter Zuständigkeiten verbunden sei, das sich der strikten Befolgung formaler Regeln und der Unterordnung unter eine hierarchische Amtsautorität und Befehlsgewalt ausliefern müsse.

Alles, was sich diesbezüglich empirisch ausmachen läßt, spricht nun allerdings dafür, daß der Wertwandel die innere Bereitschaft der Bevölkerung zur *Akzeptanz von*

Grundprinzipien des rationalen Organisierens stark verringert hat.

Die Belege hierfür finden sich natürlich mit einer besonderen Dichte und Drastik bei derjenigen Gruppe junger Leute mit gehobenem Bildungsniveau, die man als das vom Wertwandlungsschub besonders betroffene Kernsegment der Bevölkerung ansprechen kann. Es kam hier zu einem gehäuften Aussteigertum wie auch zu einem intensiven Experimentieren mit alternativen Formen des Zusammenlebens, die in einem gänzlich unmißverständlichen Sinne von den Merkmalen autozentrischer Orientierung geprägt waren oder sind. Verschwiegenere Formen derselben Umorientierung lassen sich aber darüber hinaus auch in den breiteren Bereichen der Gesellschaft auffinden.

So ist es inzwischen unbestritten, daß die auf einem sehr niedrigen Niveau stagnierende Bereitschaft, sich einer politischen Partei anzuschließen, mit dem Gefühl zu tun hat, für einen selbst komme bei einem Parteieintritt zu wenig heraus. Dasselbe gilt aber auch für das Verhältnis der Menschen zur Religion oder, genauer gesagt, zu den Kirchen. Einsichtsvolle Kirchenmänner aller Konfessionen sind sich heute in der Beobachtung einig, daß man die Menschen nicht mehr erreichen könne, weil man nicht über die richtigen Ansprachemöglichkeiten verfüge. Insbesondere der hochformalisierte Gottesdienst, der mit der demonstrativen Zurschaustellung und Betätigung hierokratischer Autorität verbunden ist, übt keine Attraktivität mehr aus und wirkt eher abstoßend. Es konnte somit auch dort zu einer massenhaften faktischen Abwendung der Menschen von den Kirchen kommen, wo der Entschluß zum regulären Kirchenaustritt hinausgezögert oder vermieden wurde. Das alles konnte geschehen, obwohl Untersuchungen von G. Schmidtchen (1979) eindeutig erkennen ließen, daß die Mehrheit der

Bevölkerung nach wie vor davon überzeugt ist, daß es einen Gott gibt, und überdies akute „religionsproduktive" Bedürfnisse und Bereitschaften besitzt.

Ähnliches läßt sich aufgrund von Allensbacher Umfragen für die Selbstverpflichtung zur ehrenamtlichen Mitarbeit in den großen Wohlfahrtsverbänden sagen. Diese wurde seit dem Beginn des Wertwandlungsschubs rückläufig, obwohl empirische Untersuchungen das Ergebnis erbrachten, daß es in der Bevölkerung eine erstaunliche Menge von Bereitschaften zum persönlichen sozialen Engagement gibt, die aber unausgeschöpft bleiben, weil man das Gefühl hat, beim Eintritt in einen der etablierten Verbände in ein vorgefertigtes Rollenschema hineingepreßt, einem unpersönlichen Verpflichtungs- und Anforderungsdruck unterworfen und somit letztlich psychisch benachteiligt und ausgebeutet zu werden.

Die Gegenrechnung zeigt nun, daß im Unterschied zur Abwanderung von den großen Organisationen der *Bereich des Informalen* eine nie dagewesene Blüte erlebt. Dies gilt für den alltäglichen Verkehr mit Freunden und Bekannten, der für die Bundesbürger seit den 60er Jahren nachweislich wesentlich wichtiger wurde, als dies vorher der Fall gewesen war. Dies gilt aber ganz ebenso für die florierende Gruppenbildung bei Jugendlichen wie auch im gleichen Maße für die Entstehung von Bürgerinitiativen und Selbsthilfegruppen, die seit dem Ende der 60er Jahre ins Leben traten und einen großen Boom erlebten. Es gilt dies aber auch für die Entstehung der sich als Antipartei verstehenden Partei der Grünen wie auch für die Ausbreitung neuer sozialer Bewegungen und für die Faszination von Kirchentagen, die den Menschen das Erlebnis einer von konventionellen Fesseln befreiten spontanen gemeinschaftlichen Religiosität vermitteln. Auch die Ausbreitung von Sekten, die ihren Anhängern die Erfahrung eines emotional ungehemmten Einsseins mit anderen wie auch mit dem „Gott von innen" verschaffen, gehört in diesen Zusammenhang.

Allen diesen Zuwendungen liegt das Bedürfnis nach dem personalen Sichausleben wie auch nach der unmittelbaren, das eigene Ich involvierenden und sensible zwischenmenschliche Resonanzen einschließenden Kommunikation mit anderen zugrunde. Das in der Bevölkerung vorherrschende *Leit- und Suchbild der Vergesellschaftung* hat sich mit dem Durchbruch dieses Bedürfnisses gewandelt, und die von Max Weber noch vor gar nicht allzu langer Zeit als Stützen der Modernität gepriesenen Formen „rationaler" Organisationsbildung geraten in Gefahr, wie alte Tempel in einer sich entleerenden Landschaft zurückzubleiben.

Es ist dies einer derjenigen soziologischen Sachverhalte, die man unbedingt im Auge haben muß, wenn man heute über ein mögliches Ende der Moderne (oder: des „Projekts Moderne") sprechen und urteilen will. Es geht hierbei, wie man sieht, um sehr viel mehr als um geistige Umorientierungen bei den intellektuellen Eliten. Vielmehr erscheinen zentrale Organisationsgrundlagen des gesellschaftlichen Alltags zur Disposition gestellt. Die Frage nach einem möglichen Verfall dieser Grundlagen steht unabweisbar im Raum.

● Verfall der parlamentarischen Demokratie?

Von der Problematisierung des Verhältnisses der Menschen zum Bereich der Politik und des Staates war schon einige Male die Rede. Versucht man eine Zusammenfassung der verfügbaren empirischen Daten, so kann man mit P. von Kielmannsegg (1988) von einer „Ambivalenz" dieses Verhältnisses sprechen, die sich im Zusammenhang mit dem Wertwandlungsschub eingestellt hat.

Man kann es zunächst durchaus in einen engen Zusammenhang mit dem Wertwandel und mit der Ausbreitung autozentrischer Orientierungen sehen, daß sich seit den 60er Jahren in der Bevölkerung der Bundesrepublik eine grundsätzliche *Bejahung der Grundlagen der parlamentarischen Demokratie* eingestellt hat. Man kann sogar ohne weiteres von einer Homomorphie des in der Bundesrepublik verwirklichten demokratischen Prinzips und der gesellschaftspolitischen Implikationen der Selbstentfaltungswerte sprechen, die in dieser Entwicklung ihren Ausdruck findet. Nicht zu Unrecht wurde von Staatsrechtslehrern wie H. H. von Arnim (1984) betont, dem Grundgesetz der Bundesrepublik Deutschland eigne ein „anthropozentrischer" Zug, der in der Emporhebung der „Würde" des Einzelmenschen zum zentralen Verfassungswert ihren weithin sichtbaren Ausdruck finde.

In die positive Seite des ambivalenten Verhältnisses der Menschen zur Politik und zum Staat ist weiterhin die Tatsache einzurechnen, daß sich in der Bevölkerung der Bundesrepublik in den zurückliegenden Jahren in einem zunehmenden Maße eine grundsätzliche *Zufriedenheit mit dem Funktionieren der Demokratie* eingestellt hat, die — nach einigen heftigen Schwankungen in der ersten Hälfte der 70er Jahre — inzwischen verhältnismäßig stabil geworden zu sein scheint und — wie die Datenreihen des „Eurobarometers" zeigen — über denjenigen Werten liegt, die sich für Länder wie Belgien, Griechenland, Frankreich, Irland, Italien und die Niederlande ermitteln lassen.

Auf der anderen Seite der Medaille finden wir nun allerdings eine Fülle von mehr oder weniger gedämpften oder ins Negative ausschlagenden Einstellungen, die es berechtigt erscheinen lassen, neben demjenigen *Demokratiepotential*, das in den vorstehend genannten Indikatoren zum Ausdruck kommt, ein beträchtlich großes und intensives und offenbar weiterhin im Anwachsen befindliches *Anomiepotential* zu sichten.

Hierbei schlägt an erster Stelle zu Buch, daß sich die Demokratiebejahung, die sich so eindeutig nachweisen läßt, in der Sprache amerikanischer Demokratieforscher ausgedrückt, keinesfalls mit einem ebenso eindeutigen „system affect", d. h. also einer gefühlsmäßigen Verbundenheit und Identifikation mit dem System verknüpft. Im Gegenteil stellte sich heraus, daß das *Ausmaß des Nationalstolzes* in der Bundesrepublik niedriger liegt als in allen anderen Ländern, für die vergleichbare Daten vorliegen. Ähnliches gilt für das Ergebnis der Testfrage, ob man bereit sei, für sein Land zu kämpfen. Letztlich ist auch kennzeichnend, daß das Ausmaß des Nationalstolzes, das sich bei den einzelnen Menschen findet, in der Bundesrepublik ungleich viel weniger als in allen anderen untersuchten europäischen Ländern mit der Einschätzung der Wichtigkeit Gottes, d. h. also mit dem jeweiligen Ausmaß der Religiosität verknüpft ist. Während in allen anderen untersuchten Ländern der Nationalstolz immer noch in einem mehr oder weniger hohen Maße religiös sanktioniert ist, ist dies in der Bundesrepublik nicht mehr der Fall. Der religiöse Bereich der Weltbegegnung und -aneignung hat sich vielmehr vom nationalstaatlichen Bereich abgelöst. Die Demokratie, die man bejaht, ist nicht gleichzeitig auch Vaterland im herkömmlichen Sinne. Sie ist, um es drastisch zu sagen, eine Staatsform, deren Nutzwert für den einzelnen man positiv bewertet, ohne hieraus allerdings existentielle Konsequenzen für das Land, in welchem man lebt, abzuleiten.

Diese relative Folgenlosigkeit der Demokratiebejahung läßt sich — und dies führt noch einen Schritt weiter — selbst im Hinblick auf die Bereitschaft zum alltäglichen persönlichen Engagement für das Funktionieren der Demokratie (oder: zur „politischen Beteiligung") nachweisen. Ungeachtet der Tatsache, daß medienvermittelte Kenntnisse aktueller politischer Vorgänge verbreitet sind, sind die Kenntnisse über die Strukturprinzipien und Funktionsbedingungen des politisch-administrativen Systems bei der gesamten Bevölkerungsmajorität nur marginal, so daß von einer ausgeprägten *politischen Ignoranz* gesprochen werden konnte. Auch die Bereitschaft zu einer direkten Mitwirkung an der Politik ist verhältnismäßig gering geblieben. Ungeachtet vorübergehender Steigerungstendenzen in den letzten Jahren stagniert die Mitgliedschaft bei den politischen Parteien im ganzen genommen auf demjenigen Niveau, das bei der Gründung der Bundesrepublik zu beobachten war. Daß die Bereitschaft zur „Parteiidentifikation" nicht nur stagnierend, sondern sogar rückläufig ist, hat sich inzwischen angesichts des Prominentwerdens des Wechselwählers herumgesprochen. Man greift kaum zu hoch, wenn man davon ausgeht, daß dieser flüchtigen Spezies des homo politicus inzwischen bis zu 40 % aller Wähler zuzurechnen sind.

Um eine weitere einschneidende Seite des mit dem Wertwandel verbundenen Anomiepotentials in der Bundesrepublik aufzudecken, sei zunächst an eine Überlegung von M. Kaase (1988) angeknüpft. Man kann, dieser Überlegung zufolge, an die Entwicklung der politischen Kultur in der Bundesrepublik die Frage herantragen, ob und inwieweit im Laufe der Zeit dem demokratischen System eine grundsätzliche Legitimität zugewachsen ist, die es ihm erlaubt, Krisen und zeitweilige Belastungen zu überstehen, ohne daß der politische Prozeß allzusehr von Unzufriedenheitswellen in der Bevölkerung gestört und in Anspruch genommen wird. Diese Überlegung knüpft an den amerikanischen Demokratietheoretiker David Easton und an seine Ausführungen über die politischen Funktionen der sogenannten „diffusen Legitimität" an. Easton zufolge muß jede Demokratie, die den Anspruch erheben will, stabil zu sein, über diesen grundsätzlichen

Legitimitätsglauben in einem erheblichen Ausmaß verfügen. Ist dies nicht der Fall, so werden die politischen Kräfte in einen permanenten Überlebenskampf verwickelt, der die Leistungskraft des Systems verzehrt und seine Zukunftsfähigkeit unter das Maß des Erforderlichen senkt.

Legt man nun die entsprechende Meßlatte an die Entwicklung der politischen Kultur in der Bundesrepublik an, so gelangt man zu einem bedenklich stimmenden Ergebnis. Insbesondere die politischen Parteien leiden unter einer offenbar zunehmenden *Parteienverdrossenheit.* „Den Politikern" im ganzen wird nur ein sehr geringes Vertrauen geschenkt. Die Parteien sehen sich — auch angesichts der Zunahme der Wechselwähler — in wachsendem Maße dazu gezwungen, mit werbewirksamen Politikangeboten, die sich bezeichnenderweise in den Vorwahlzeiten häufen, um Wählerstimmen zu konkurrieren, wobei der Stammwähler alter Zeiten zunehmend seine Bedeutung einbüßt. Bei alledem ist von Wichtigkeit, daß die politischen Leistungen der jeweiligen Regierung von den Wählern, wie zunehmend lautstark beklagt wird, nur in einem verhältnismäßig geringen Maße honoriert und bald wieder vergessen werden. In der Tat zeigen empirische Untersuchungen, die von Michael G. Schimek (1985) durchgeführt wurden, daß die positive Auswirkung von politischen Leistungen auf die Popularität der jeweiligen Regierung rigorosen zeitlichen Begrenzungen unterliegt. So wirkten sich gesetzgeberische Maßnahmen im Bereich der Sozialgesetzgebung mit einer Verzögerung von durchschnittlich 11 Monaten nur für die Dauer weniger Monate aus. Erfolge in der Ostpolitik hatten zwar sofortige Auswirkungen, die jedoch im unmittelbar nachfolgenden Monat schon wieder zu verblassen begannen.

Mit anderen Worten: Es läßt sich empirisch feststellen, daß die eigentlich wünschenswerten kumulativen, zum

Aufbau grundsätzlicher ("diffuser") Legitimität beitragenden Effekte der ganz zweifellos enormen Leistungen, die die Politik in der Geschichte der Bundesrepublik erbracht hat, erstaunlich ärmlich geblieben sind. Die in der Bevölkerung vorherrschende grundsätzliche Demokratiebejahung und Demokratiezufriedenheit schlägt sich nur in einem unzureichenden — und offenbar abnehmenden — Maße in alltäglich wirksamen Entlastungseffekten zugunsten der politischen Akteure nieder. Diese sehen sich vielmehr heute, d. h. 40 Jahre nach der Gründung der Bundesrepublik, einem zermürbenden, die Kräfte verschleißenden unablässigen *Kampf um Legitimitätsgewinnung* ausgesetzt, der ganz zweifellos ihre Zukunftsfähigkeit unter das erforderliche Maß senkt, so daß der politische Horizont immer deutlicher von einem Berg ungelöster Probleme verdunkelt wird, die man vor sich herschiebt, weil man zu ihrer Inangriffnahme nicht mehr den Mut oder auch nicht den politischen Spielraum hat.

Fehlt also auf seiten der Legitimitätsgewinnung der erforderliche kumulative Effekt, so scheint sich ein solcher Effekt jedoch auf der Gegenseite, d. h. auf der Seite legitimitätsabbauender und -gefährdender Prozesse, durchaus beobachten zu lassen. Jedenfalls lassen das Entstehen der Grünen und das Auftreten neuer sozialer Bewegungen darauf schließen, daß die Integrationsfähigkeit der politischen Parteien sinkt. Andersartige Indikatoren, die aber ebenfalls in die Richtung eines grundsätzlichen Legitimitätsdefizits weisen, findet man, wenn man z. B. die zwar immer noch hohe, im Trendverlauf jedoch neuerdings *absinkende Wahlbeteiligung* ins Auge faßt. In dieselbe Richtung weisen Abbröckelungstendenzen bei der Steuermoral wie auch deutliche Ausbreitungstendenzen im Bereich der Schattenwirtschaft.

Insgesamt gesehen muß es erlaubt erscheinen, die übergreifende Frage nach einem *Verfall der inneren Souveräni-*

tät des Staates aufzuwerfen. Es läßt sich daran die These anschließen, daß diese Frage in den kommenden Jahren in eine diskussionsbeherrschende Stellung aufrücken wird.

● Auflösung der Normbindung sozialen Verhaltens?

Es besteht ein weitgehender Konsens darüber, daß moderne Gesellschaften unter allen Bedingungen in einem erheblichen Maße darauf angewiesen sind, mit einer Hinnahme- und Folgebereitschaft ohne Wenn und Aber, d. h. also mit einer verhältnismäßig schlichten *Konformitäts-Moral* rechnen zu können. Apodiktische Regeln oder Weisungen müssen auch dort befolgt werden, wo sie — mit S. Freud gesprochen — „Triebverzicht" abnötigen, wo sie als Geißel des „Realitätsprinzips" erfahren werden und wo sie ggf. auch zu Techniken der „Leidabwehr" Anlaß geben. S. Freud fügte hinzu, daß man bei der Einsicht in diesen Sachverhalt auf eines der Grundprobleme jeder Kulturgesellschaft stoße. Er sah aber auch, daß ein Staat ohne die Verfügung über diese Moralgrundlage nicht gedacht werden könne.

Fragt man, wie dieses Grundproblem in der bisherigen Geschichte der Menschheit gelöst worden ist, so stößt man natürlich ganz unvermeidbar sofort auf das *Gewaltprinzip*. Insbesondere für Staaten war und ist die Möglichkeit, Herrschaftsgewalt auszuüben und hierauf sogar ein Monopol beanspruchen zu können, grundlegend und unverzichtbar. Gerade auch Staats- oder Gemeinschaftsgründungen, die im Namen der Menschlichkeit erfolgten, mußten sich früher oder später dieser Notwendigkeit beugen. Die zur Ideologie werdende Menschlichkeitsphilosophie vermochte sogar Maßlosigkeiten bei der Abrechnung mit „Unbelehrbaren" und mit Feinden zu rechtfertigen.

Das Gewaltprinzip erklärt nun allerdings nicht mit ausreichender Zuverlässigkeit, wieso alle Bevölkerungen bisher in der Regel bereit waren, den mit der Ausübung staatlicher Macht verbundenen Triebverzicht auf sich zu nehmen, wieso sie, konkreter gesprochen, selbst nach Revolutionen die Wiederaufrichtung der staatlichen Macht und die öffentliche Gewaltausübung begrüßten. Man stößt, wenn man diese Frage aufwirft, auf sozialpsychologische Hintergrundbedingungen der gemeinschaftsnotwendigen Hinnahme- und Folgebereitschaft und des moralischen Triebopfers des einzelnen, die man ins Auge fassen muß, wenn man nicht in vordergründigen Meinungen über das Verhältnis von Mensch und Gesellschaft stehenbleiben will.

Der Begriff, der an dieser Stelle gemeinhin ins Spiel kommt, ist der der *Autorität*. Wer Autorität hat, kann auch Herrschaft ausüben, d. h. also die Befolgung von Regeln und Weisungen erwarten, ohne mit Widerstand rechnen zu müssen. Woher kommt aber die Autorität? Wer besitzt sie aufgrund welcher Eigenschaften? Wie kann sie erworben werden? Was verbürgt ihre Dauer?

Es braucht nicht zu verwundern, daß über die Frage nach den Quellen der Autorität über die gesamte nachverfolgbare Geschichte hinweg nachgedacht wurde und daß auf sie die allerverschiedensten Antworten gegeben wurden. In der modernen Soziologie wurden überdies verschiedene Formen der Autorität (Amtsautorität; Persönlichkeitsautorität; auf den Besitz funktionswichtiger Eigenschaften wie Bildung, Wissen und Fertigkeiten zurückführbare Autorität) unterschieden.

Ungeachtet der hier antreffbaren Fülle reicht es für unsere augenblicklichen Zwecke aus, auf Max Webers Lehre von den verschiedenen „Formen des Legitimitätsglaubens" zurückzugreifen. Wer Autorität beanspruchen will, muß, so lautet die Antwortformel von Max Weber

(1985), Legitimität besitzen, die ihm von eben denen zugeschrieben und gewährt wird, denen gegenüber er Autorität beansprucht. Dasselbe gilt, nach Max Weber, auch für Regeln, Normen oder Gesetze, die unabhängig von der Legitimität derjenigen (vielleicht schon längst wieder vergessenen) Personen Geltung beanspruchen können, die sie begründet haben.

Über sehr große Teile der Geschichte hinweg war nun, nach Max Weber, der moralisches Verhalten ermöglichende Legitimitätsglaube der Menschen „traditionaler Natur". Gesetze, Regeln, Sitten und Gewohnheiten galten, weil sie schon immer gegolten hatten und inzwischen gewissermaßen — vielleicht auch ganz offiziell — heilig geworden waren, so daß man vor ihnen Ehrfurcht haben mußte.

Wir können dem ohne weiteres die Ergänzung hinzufügen, daß auf traditionaler Grundlage geltende moralische Verhaltensvorschriften normalerweise den nachwachsenden Kindern schon in die Wiege gelegt wurden, daß sie im Zentrum jeglicher Erziehung (und somit des „Sozialisationsvorgangs") standen und zu Werten verinnerlicht wurden, deren Einhaltung von der Gemeinschaft ständig mit Argusaugen überwacht wurde, so daß sie gleichzeitig auch *soziale Normen* waren. Wir können weiterhin hinzufügen, daß überall da, wo traditionale Verhaltensvorschriften für das gesellschaftliche Leben von alltäglicher Bedeutung waren, auch das Prinzip der traditionalen Geltung selbst als moralischer Wert verinnerlicht sein mußte. Alles, was schon immer da war, zu achten und zu ehren, mußte, mit anderen Worten, den Menschen als ein Wert sui generis erscheinen, dessen Verletzung sie mit Gefühlen der Abscheu und der Empörung erfüllte.

Aus der Perspektive der modernen Gesellschaft betrachtet, muß uns nun zumindest die ausschließliche Gründung staatlicher Autorität auf einen Traditionen heiligenden Legitimitätsglauben notwendigerweise als unpassend erscheinen. Es hat dies insbesondere damit zu tun, daß Traditionen auf unabsehbare Dauer angelegt sind, während ein moderner Staat aufgrund der unablässigen Veränderung der gesellschaftlichen Lebensverhältnisse auf ein hohes Maß an Flexibilität im Bereich der Normenproduktion angewiesen ist.

Aber auch die Gesellschaften der Vergangenheit konnten nicht ausschließlich mit der traditional begründeten Autorität von Verhaltensvorschriften auskommen. Es gab immer wieder Ausnahmezustände (Kriege, Katastrophen, Städtegründungen, Wanderungen etc.), in denen neue Tafeln an die Stelle der alten treten mußten oder in denen situationsgemäße Entscheidungen mit Traditionen zu brechen hatten. Nach Max Weber trat hier ein gänzlich anderes Legitimierungsprinzip in Kraft, das ganz auf die außergewöhnlichen Eigenschaften und Fähigkeiten „großer" Personen abstellte, das Charisma nämlich. Ebenso wie die Tradition vermochte sich das Charisma mit religiösen Weihen zu umgeben. Es vermochte weiterhin auch traditionsstiftend zu wirken — man denke nur an die Stiftung der heute noch geheiligten Zehn Gebote durch den „Mann Moses", dessen persönliche Größe, dessen Fähigkeit also zur Ausübung einer übermächtigen, Bewunderung auslösenden Wirkung auf seine Mitmenschen S. Freud (1986) als eine der Bedingungen für die Entstehung der monotheistischen Religion im Volke Israel sichtbar gemacht hat.

Blicken wir nun auf den charismatisch begründeten Legitimitätsglauben aus der Perspektive der Erfordernisse der modernen Gesellschaft hin, dann werden wir allerdings auch ihm nur eine begrenzte Chance zuzubilligen vermögen. Die Normenproduktion, die alltäglich erfolgen muß, kann nur in einer begrenzten Zahl von Fällen —

vielleicht nur bei 5—10 % aller Gesetzesvorhaben und Gesetzesänderungen, die in einer Legislaturperiode vorkommen — unmittelbar mit einzelnen Politikern in Verbindung gebracht werden. Der ganz überwiegende Teil der Gesetzesentwürfe kommt vielmehr aus den Arbeitseinheiten der Ministerien und wird in den Parlamenten routinemäßig „abgesegnet", ohne daß einer der jeweiligen „Großen", die im Volke Popularität genießen, auch nur ein einziges Wort über sie verliert.

Max Weber ging allerdings davon aus, daß auch der rationale Staat moderner Prägung eine ihm angemessene Legitimitätsgrundlage benötigt, wenn seiner (Rechts-)Normenproduktion die erforderliche moralische Geltung im Volke zukommen soll. Weber fand diese Grundlage in einem Glauben an die legitime Geltung „rational gesetzter Ordnungen", d. h. also letztlich in einer Heiligung der Regeln, die für den Erlaß von Verhaltensvorschriften verfassungsgemäß festgelegt sind, wobei der Inhalt dieser Vorschriften selbst keine Rolle mehr spielt, sondern dem situationsangemessenen Entscheiden anheimgegeben ist, so daß den jeweiligen Erfordernissen mit der von der Sache her nahegelegten Flexibilität und ggf. auch opportunistisch Rechnung getragen werden kann.

Was Max Weber nun aber aus seiner — auf den Beginn des Jahrhunderts zurückgehenden — Beobachtungsbasis heraus noch nicht mit der erforderlichen Deutlichkeit in den Blick nehmen konnte, ist ein in letzter Zeit immer stärker werdender Prozeß der *Verdünnung der Bindung der staatlichen Normenproduktion an die verfassungsmäßigen Regeln*, wie sie zum Beispiel in den Ermächtigungsklauseln zum Ausdruck kommt, die in einer zunehmenden Zahl von Fällen den Verwaltungsbehörden die Funktion zuspielen, Dinge, die in Gesetzen zunächst nur in einer verhältnismäßig offenen Weise geregelt sind, auszuformulieren und anschließend verbindlich zu machen, ohne daß es einer Kontrolle durch den Gesetzgeber bedarf. Ähnlich ist natürlich auch die Zunahme von Rechtsverordnungen und Verwaltungsvorschriften insgesamt und von zwischenstaatlichen Verträgen zu beurteilen. Betrachtet man den in allen diesen Einzelentwicklungen sichtbar werdenden Funktionsverlust der Gesetzgebung aus der Perspektive der Moral- und Legitimitätsfrage, dann wird man nicht umhin können, sich zu fragen, ob die von Max Weber gemeinte Legitimitätsgrundlage unbesehen noch auf alle diejenigen Verhaltensvorschriften übertragen werden kann, die heute — mit einer teils sehr indirekten und in ihrer Komplexität für den Laien gar nicht mehr durchschaubaren Bindung an die verfassungsmäßige Gesetzgebungskompetenz — die Amtsstuben verlassen.

Man wird hinzuzurechnen haben, daß bekanntermaßen die meisten Gesetzgebungsvorhaben Gesetzesänderungen sind, die zumindest zum Teil den wechselnden Einfluß politischer Interessenkräfte widerspiegeln, so daß in der Bevölkerung leicht der Eindruck entstehen kann, beim bloßen Vertrauen auf den parlamentarischen Regelmechanismus einer formaldemokratischen Illusion aufzusitzen. Von symptomatischer Bedeutung muß in diesem Zusammenhang auch erscheinen, daß diejenigen Journalisten, die über die politischen Vorgänge berichten, in ihrer überwältigenden Mehrheit ganz offensichtlich nur wenig Ahnung von diesem Regelmechanismus haben oder ihm, falls sie darüber informiert sind, nur wenig Respekt entgegenbringen. Wie sonst könnte es erklärbar sein, daß sie mit konstantem Nachdruck bei Interviews mit Einflußreichen deren persönliche Meinung zu bevorstehenden Gremienentscheidungen wissen wollen und enttäuschte Gesichter aufsetzen, wenn ihnen die Antwort unter Hinweis auf eben diese Entscheidungen verweigert wird?

Die Pointe all dessen ist natürlich, daß die *moralisch begründete Hinnahme- und Folgebereitschaft* der Bevölkerung gegenüber der staatlichen Rechtsnormenproduktion heute an einem seidenen Faden zu hängen begonnen hat. Wenn nicht alles täuscht, dann verschiebt sich die Fundierung dieser Hinnahme- und Folgebereitschaft zunehmend aus dem sozialmoralischen Bereich in Richtung persönlicher Interessen und der Furcht vor Sanktionen, d. h. also in Richtung einer Grundlage, die möglicherweise kaum mehr stark genug ist, um als ausreichend tragfähig eingestuft werden zu können.

In diese ohnehin schon in Gang befindliche Entwicklung stieß nun der Wertwandlungsschub hinein und gab ihr — mit einer Schwächung der noch vorhandenen Pflicht- und Akzeptanzbereitschaften — zusätzliche Schubkraft. Welche Lücken der faktischen Geltung rechtsförmiger Verhaltensvorschriften sich unter diesem Einfluß inzwischen eingestellt haben, soll an dieser Stelle nur an dem einen Beispiel der (Nicht-)Befolgung der Straßenverkehrsordnung demonstriert werden, d. h. also am Beispiel der Ordnung, die im Grunde genommen noch in einer verhältnismäßig großen Nähe zum „aufgeklärten Selbstinteresse" der Verkehrsteilnehmer angesiedelt ist.

Anfang der 80er Jahre wurden von Sozialwissenschaftlern Beobachtungen und Befragungen von Verkehrsteilnehmern durchgeführt, die eine 24 km lange Strecke durch Bremen benutzten. Den von W. Schulte (1984) berichteten Ergebnissen zufolge war die Akzeptanz der bestehenden Geschwindigkeitsbegrenzung im ganzen gesehen relativ gering. Lediglich 18,4 % der Befragten gaben an, die geforderten 50 km/h eingehalten zu haben. Etwa 10 % gaben zu, schneller als 70 km/h gefahren zu sein. Die Verhaltenswirksamkeit der betreffenden Verkehrsnormen mußte dementsprechend als gering eingestuft werden. Als der ausschlaggebende Faktor bei der Überschreitung der Geschwindigkeitsgrenzen erwies sich bezeichnenderweise die Kenntnis der von der Polizei in Anwendung gebrachten Toleranzgrenzen bei der Geschwindigkeitskontrolle. Man fuhr also überwiegend gerade so schnell, daß man noch ein kalkuliertes Risiko der Bestrafung sicherstellen konnte.

Verallgemeinert man ein solches Ergebnis, dann muß man zu ernüchternden Folgerungen gelangen. Es gerät dann die Vision eines Staates ins Blickfeld, der überall dort, wo er die Bürger durch seine Vorschriften nicht eo ipso begünstigt, mit einem unverhältnismäßig hohen Kontroll- und Sanktionsaufwand operieren muß, um noch Normbefolgungen zu gewährleisten.

Die Tatsache, daß die Polizei inzwischen schon längst zu den besonderen staatlichen Wachstumsbereichen gehört, wird im allgemeinen mit dem Hinweis auf die Gefährdung der öffentlichen Sicherheit durch kriminelle Elemente und somit letztlich mit dem Bemühen um den Schutz der „normalen" Bürger begründet und gerechtfertigt. In Wirklichkeit sind es aber u. a. auch diese „normalen" Bürger selbst, gegen die sich die Verstärkung der Polizei richtet und — unter den gegebenen Umständen — auch richten muß. Mit einer gewissen Zwangsläufigkeit muß ein Staat, der eine allzu geringe moralische Unterstützung für seine Normen mobilisieren kann, zur Anwendung des Gewaltandrohungsprinzips greifen und zum Polizeistaat werden, wobei es gar keine Rolle spielt, ob dies seiner Philosophie und seinen Verfassungsprinzipien entspricht oder nicht.

● Infragestellung lebenswichtiger sozialer
   Selbstverständlichkeiten?

Das Thema der moralischen Folgen des Wertwandlungsschubs und einer möglichen Verfallsentwicklung im Bereich der Moral ist hiermit noch nicht im geringsten erschöpft, sondern weist vielmehr eine Fülle weiterer Aspekte auf, die an dieser Stelle nicht behandelt werden können. Es soll durch dieses große und weite — teils auch beängstigende — Thema nur ein einziger weiterer Querschnitt gelegt werden, der die Freilegung einer anderen, scheinbar entlegenen, in Wahrheit aber höchst bedeutsamen Region des Moralproblems gestattet, die weitab von allen Fragen des Rechtsnormensystems zu finden ist: der für die Gesellschaft bestandswichtigen sozialen Selbstverständlichkeiten des Alltags.

Wer wirklich voll verstehen will, was „Moral" in der Gesellschaft bewirkt, der muß einsehen, daß keineswegs alle Verhaltensnormierungen, die bedeutsam sind, durch den Apparat des staatlich garantierten Rechtssystems getragen werden. Gewisse fundamentale Verhaltensweisen der Menschen, von denen das Gemeinwohl unter Umständen sehr weitgehend abhängen mag, werden vielmehr überraschenderweise von keiner einzigen offiziellen Instanz gefordert und finden sich in keinem einzigen Gesetz oder sonstigen Paragraphenwerk. Man kann sich diese im Grunde genommen erstaunliche Tatsache vielleicht am besten am Beispiel der Familiengründung klarmachen, die zwar (sofern sie stattfindet) der Gegenstand einer großen Zahl von Regelungen ist, deren Verwirklichung aber in den Freiheitsraum des einzelnen hineinfällt, obwohl von ihr die biologische Reproduktion der Gesellschaft und damit die elementarste Bedingung ihrer Fortexistenz abhängt.

Fragt man sich, wieso man nichtsdestoweniger bis vor kurzem noch verhältnismäßig unbesorgt von der mehr oder weniger uneingeschränkten Verwirklichung einer „Normalbiographie" (Kohli, 1987) ausgehen konnte, die die Familiengründung einschloß, dann sehen wir, was gemeint ist, wenn wir von sozialen Selbstverständlichkeiten sprechen. Jedenfalls bis vor einiger Zeit „war es einfach so", daß „man" in einem bestimmten Alter heiratete und Kinder bekam; es „gehörte dies ganz einfach zu einem normalen Leben dazu". „Man" war hierauf schon seit seiner (oder ihrer) Kindheit von den Eltern und Verwandten vorbereitet worden, und „man" war insofern auch darauf eingestellt, in einer bestimmten Lebensphase „jemanden kennenzulernen", den „man" heiraten würde und mit dem „man" — unter Ausübung der Vater- oder Mutterrolle — Kinder haben würde.

Selbstverständlich kann man diesen Sachverhalt mit analytischen Kategorien wie „soziale Norm", „geschlechtsspezifisches soziales Rollenleitbild", „sozialer Erwartungsdruck", „Sanktionsandrohung" und „erwartungskonformes Handeln" beschreiben. Entscheidend ist jedoch, daß alles dies — bis vor einiger Zeit — in das *Medium des Selbstverständlichen* eingehüllt war, in welchem es bis zur Untrennbarkeit mit dem Selbstkonzept und Lebensleitbild des einzelnen verschmelzen konnte. Man wollte normalerweise nicht deshalb heiraten und Kinder haben, weil dies sozial erwünscht war, weil man den Erwartungen der Eltern gerecht werden wollte oder weil dies vielleicht im Interesse eines schon unterwegs befindlichen Kindes unvermeidlich erschien. Solche Motive kamen zwar häufig vor, aber sie hatten über die gesamte Bevölkerung hinweg betrachtet nur eine ergänzende Bedeutung. Im Zentrum der Motivation stand vielmehr der tief ins individuelle Innere hineingesenkte und von einzelnen als unmittelbarer Ausdruck seines Selbst erlebte dringliche Wunsch, eine Familie zu gründen. Diejenigen, die ihn selbst empfunden hatten, gaben ihn an die Nachkommen weiter — nicht deshalb, weil sie verstandesmäßig von der Notwendigkeit der Familiengründung überzeugt waren, sondern mehr oder weniger unbewußt, im Wege der alltäglichen Kommunikation dessen, was man als selbstverständlich anzusehen hatte und worüber es somit auch keine Diskussion zu geben brauchte. Ebenso selbstverständlich war es auch, daß die Heirat und die Geburt eines Kindes Familienangelegenheiten freudiger Natur waren, die — unter Einladung der Verwandten und Freunde — zu feiern waren und nach deren Abschluß das Leben einen veränderten, durch zusätzliche Pflichten gekennzeichneten Verlauf zu nehmen hatte. Kurzum war die biologische Reproduktion der Gesellschaft der *Sphäre des Privaten* anheimgegeben, wo sie aber im Sinne einer verhältnismäßig geräuschlosen Gewährleistung bestens aufgehoben war.

All dies hat sich im Verlauf des Wertwandlungsschubs nun allerdings auf eine geradezu dramatische und manchmal zu Recht als revolutionär bezeichnete Weise geändert. Die Eheschließungsziffer fiel zwischen 1966 und 1978 von 8.3 auf 5.4, erfuhr also eine substantielle Einschränkung. Umgekehrt verdoppelte sich im gleichen Zeitraum die Zahl der Ehescheidungen. Seit dem sogenannten „Pillenknick", der aber in Wirklichkeit ein *Wertwandlungsknick* war, sank die Zahl der Geburten rapide ab. Auch die Fruchtbarkeitsziffer wurde in dem genannten Zeitraum halbiert, so daß man heute bereits — angesichts eines Andauerns des dadurch herbeigeführten Zustandes — zur Aufstellung von Bevölkerungsprognosen für das Jahr 2030 gelangt ist, in denen der Bundesrepublik Deutschland nurmehr ca. 40 Millionen Einwohner zugebilligt werden.

Fragt man nach der Beschaffenheit der Verknüpfungen zwischen diesen Verhaltensentwicklungen und dem Wertwandel, so stößt man auf den Kernsachverhalt, daß bei den jungen Leuten die ehemals vorhandenen Schicklichkeits- und Sittlichkeitsvorstellungen nicht mehr so wie früher gelten und daß man sich in einem früher unvorstellbaren Maße hinsichtlich des Verhaltens zum anderen Geschlecht wie auch hinsichtlich der sozialen

Grundsachverhalte der Eheschließung und des Kinderbekommens zu einem *individuellen, nur eigener Entscheidung entspringenden und niemandem rechenschaftspflichtigen Verhalten* berechtigt fühlt. Wo sich der Wertwandel vollzogen hat, sind die regulativen Sozialnormen, die diesen Bereich früher abdeckten, zunehmend unwirksam geworden. Man kann ergänzen, daß es zu dieser Entwicklung gar keiner sehr dezidierten Bekennerschaft im Hinblick auf Selbstentfaltungswerte bedurfte. Es reichte schon aus, daß die frühere unbedingte (wenngleich verhältnismäßig versteckte) Geltung antriebseinschränkender und Pflichten auferlegender Sozialnormen in der Anschauung der Menschen erschüttert wurde, um die herkömmlichen Verhaltensmuster aus dem Sattel zu heben. Eine zusätzliche Verbindungsbrücke zwischen dem Wertwandel und der gekennzeichneten Revolution des Verhaltens stellt das explosiv gesteigerte *Emanzipationsstreben der Frau* dar. Es läßt sich deutlich erkennen, daß es zwischen der absinkenden Kinderzahl und der weiblichen Berufstätigkeit eine direkte Beziehung gibt. Weiter spielt aber auch überall da, wo die herkömmlichen Verhaltensroutinen erschüttert sind, das angewachsene *Bedürfnis nach der Erfüllung von Freizeit- und Konsumwünschen* eine Rolle. Man stellt heute vielfach die Zeugung eines Kindes zurück, um zunächst einmal dringlicher erscheinende Lebensbedürfnisse zu befriedigen. Oft ist es dann, wenn man sich endlich bereitfinden möchte, an dieses Thema heranzugehen, schon wieder zu spät . . .
Natürlich spielt im Vorraum solcher ehelichen Entscheidungen die *gewandelte Einstellung zur Ehe* eine Rolle. Im Prinzip wird die Ehe zwar heute noch von der überwiegenden Mehrheit auch der jungen Menschen bejaht. Auf der anderen Seite fühlt man sich aber nicht mehr so wie früher dem Partner gegenüber zur frühzeitigen Bekundung der Bereitschaft zum Eheschluß verpflichtet. Im

Gegenteil gilt es unter vielen jungen Menschen heute als ausgesprochen rückständig, nach der Entstehung einer „Beziehung" das Thema eines Eheschlusses anzusprechen. Wer dies tut, dokumentiert in der Auffassung sehr vieler junger Menschen eine veraltete Orientierung an „bürgerlichen" Normen wie auch mangelnde Persönlichkeitsstärke, infantile Bindungssucht und möglicherweise auch eine geradezu unmoralische Neigung zur Einschränkung der persönlichen Entscheidungsfreiheit des Partners. Der Einfluß der *Selbstentfaltungswerte* ist hier überall unmittelbar spürbar.

Da diese Dinge bis heute noch nicht überall mit der wünschenswerten Deutlichkeit reflektiert werden, sei ausdrücklich darauf hingewiesen, daß sich elementare gesellschaftliche Wandlungsvorgänge mit ähnlicher Tiefenwirkung und vergleichbarer Breite, die in einer ähnlich kurzen Frist abgelaufen wären, in der überschaubaren bisherigen Geschichte — unter Einschluß der industriellen Revolution — kaum auffinden lassen. Die Absicherung von sozialen Verhaltensweisen von hoher allgemeiner Bedeutung durch die Alltagsmechanismen der sozialen Selbstverständlichkeiten, die über unabsehbar lange Zeiten hinweg ebenso unauffällig wie auch verhältnismäßig konfliktfrei funktioniert hatten, wurde durch den Wertwandlungsschub an ihrer Achillesverse getroffen und abrupt unterbrochen. Diese Achillesferse (oder strukturelle Schwäche) bestand kurz gesagt darin, daß der sozialmoralische Verpflichtungscharakter des gesamten um den Komplex Ehe, Partnerschaft und Familiengründung kristallisierten individuellen Verhaltens durch seine Erlebbarkeit als ganz persönliches Wahl- und Entscheidungsverhalten weitgehend verschleiert und dem Bewußtsein der Menschen entzogen war.

Um die Dinge nicht unangemessen zu vereinfachen, muß man einschränkend hinzufügen, daß vielfältige *Vorbedin-*

gungen für die definitive Einforderung der damit potentiell verbundenen Ansprüche und subjektiven Rechte schon vor dem Wertwandlungsschub geschaffen waren. Die aus der Vergangenheit überkommene Verheiratung der Kinder durch die Eltern, mit der sich Interessen an der Verbreiterung und Konsolidierung des familiären Besitzstandes und Einflußbereichs verbunden hatten, war zum Beispiel bereits schon früher weggefallen. Ebenso war die Reduzierung der ehemals vorherrschenden Großfamilie auf die Klein- oder Kernfamilie beim Einsetzen des Wertwandlungsschubs schon vollzogen. Und endlich war auch die Defunktionalisierung der Familie durch die Übertragung zahlreicher älterer Familienfunktionen im Bereich der sozialen Sicherung auf öffentliche Einrichtungen um diese Zeit bereits weitgehend abgeschlossen.

Erst der *Wertwandlungsschub* machte allerdings die nichtsdestoweniger noch massiv vorhandene soziale Vorprägung und Standardisierung dieses privaten Bereichs und deren „repressive" Absicherung im gesellschaftlichen Alltag wahrnehmungs- und bewußtseinsfähig. Während man es vorher weder „gemerkt" noch „gewußt" hatte, daß man in seinem scheinbar höchst privaten Liebes- und Eheleben ein vielen Verzichten und sozialen Zwängen ausgelieferter Rollenspieler war, war nunmehr plötzlich die hierfür erforderliche *Sensibilisierung* vorhanden. Das Recht auf freie persönliche Entscheidung, das man aufgrund vorangegangener „Individualisierungsschübe" (U. Beck) auch schon vorher für sich in Anspruch genommen hatte, verband sich nunmehr mit einer bis dahin undenkbaren *Inanspruchnahme des Rechts, das originäre eigene Selbst, dem man bislang immer noch mit Selbstzensur begegnet war, zur Leitinstanz des Handelns* zu erheben. Die bisher maßgebliche Moral von innen wurde als eine verinnerlichte Sozialmoral entlarvt (wozu natürlich in einer überaus massiven Weise zahlreiche Reflexionshelfer aus dem Bereich der Sozialwissenschaften und der Psychoanalyse beitrugen, die über die Medien wirksam wurden).

Die Auswirkungen dieses (auf den ersten Blick betrachtet) verhältnismäßig sublimen Vorgangs erschüttern die gesellschaftlichen Grundfesten, so daß es nicht zu verwundern braucht, wenn die „Verfalls"-Frage auf der öffentlichen Agenda in Erscheinung tritt.

- Verfall der Arbeitsdisziplin und Leistungsbereitschaft?

Die Beschäftigung mit der Infragestellung vormaliger sozialer Selbstverständlichkeiten durch den Wertwandel könnte ohne weiteres fortgesetzt werden, wobei weitere Bereiche von hoher gesellschaftlicher Funktionswichtigkeit ins Blickfeld kämen. Dies gilt für die Pflege alter Menschen, die bisher noch überwiegend unentgeltlich von Familienangehörigen oder Nachbarn erbracht wird, die durch verinnerlichte traditionelle Sozialnormen der selbstverständlichen Hilfsbereitschaft motiviert werden. Wie die verfügbaren Daten zeigen, hat der Wertwandlungsschub zwar die Ausübung dieser Hilfeleistung bisher nicht akut in Frage gestellt. Das Empfinden, ein Opfer zu bringen, das einem bis an die Grenze des Zumutbaren gehende Belastungen und Verzichte abnötigt, hat jedoch sprunghaft zugenommen. Auf der Grundlage dieser mentalen Änderung haben die Menschen ein offenes Ohr für die Absicht der Politiker, private Pflegeleistungen künftig von Staats wegen zu honorieren. Allerdings wird dabei auch einer versachlichten individuellen Nutzen-Kosten-Kalkulation amtlicherseits die Tür weit geöffnet, wobei es zunächst noch völlig offen bleiben muß, in welche Richtung — für oder gegen die Pflege — sich die Menschen im Endeffekt entscheiden werden.

An dieser Stelle soll diese Perspektive nun allerdings nicht weiterverfolgt werden. Vielmehr wollen wir uns einem letzten — schon einige Male angesprochenen — Bereich von Folgewirkungen des Wertwandlungsschubs zuwenden, der Frage: „Verfall der Arbeitsdisziplin und der Leistungsbereitschaft?"

Es kann in diesem andersartigen, die Arbeitswelt betreffenden Zusammenhang zunächst an Kassandrarufe angeknüpft werden, die schon seit Jahren von dem bekannten amerikanischen Sozialtheoretiker Daniel Bell (1975) zu hören waren. Bell stellt zunächst einmal fest, daß die Weiterentwicklung von Wirtschaft und moderner Technologie gebieterisch eine leistungsbezogene gesellschaftliche Charakterstruktur fordere, behauptet dann aber, daß von einer solchen Entsprechung in der Wirklichkeit gar keine Rede sein könne. Im Gegenteil würde sich heute eine hedonistische Lebensweise ausbreiten, die sich mit einem aller Arbeitsdisziplin negativ gegenüberstehenden individuellen Freiheitsbedürfnis verbinde. Bell vertieft und radikalisiert diesen Gedanken, indem er von einem „antinomischen", d. h. gegen Normen und Autoritäten gerichteten Trend der Kultur spricht. Durch ein immer deutlicher hervortretendes modernistisches Wertsystem werde eine Entfesselung des Selbst begünstigt, die Haltung des carpe diem, der Wunsch nach dem spontanen Ausleben impulsiver Triebe, das Bedürfnis nach der Abwerfung aller Verpflichtungen, im Grenzfall auch die Neigung zur Verschwendung, Angeberei und zur zwanghaften Jagd nach Amüsement.

Bell stellt fest, daß es in der gegenwärtigen Gesellschaft zwar in der Tat ein anwachsendes Bedürfnis nach freier menschlicher Entfaltung gebe, daß dieses Bedürfnis aber an der Arbeit vorbeiziele, da die Arbeit unentrinnbar mit dem Erfordernis der Selbstdisziplin gekoppelt sei und somit bei Menschen, die sich nicht mehr disziplinieren wollen, ein Gefühl des Selbstverlustes hervorrufen müsse. Nach Bell läßt sich dieser Widerspruch einerseits als Ausdruck einer „Selbstzerstörungstendenz im modernen Wirtschaftssystem" begreifen, das sich zwar anschicke, den Menschen verstärkt als Person an die Arbeit zu binden, das ihn jedoch gleichzeitig auch als einen arbeitsentlasteten, zu unverpflichteter Beliebigkeit freigesetzten Konsumenten anspreche und definiere und sich damit selbst den Boden unter den Füßen wegziehe. Andererseits ist dieser Widerspruch nach Bell aber auch ein Ergebnis des Anwachsens der kulturellen Eliten, welche über die Massenmedien immer mehr Einfluß auf die Menschen gewinnen und sie zu ihren Werten überreden. Nach Bell treten die Arbeitsgesellschaft und die Kultur einander unversöhnlich gegenüber, wobei die letztere — unter den Bedingungen nachindustrieller Informations- und Freizeitangebote — den Sieg davontrage. Dieser absehbare Sieg werde aber, so kann man ergänzen, mit dem Zusammenbruch der modernen Arbeits- und Wirtschaftsgesellschaft — und damit auch mit dem Zusammenbruch der modernen Zivilisation überhaupt — gleichbedeutend sein, wobei offenbleiben müsse, ob es dann überhaupt noch eine Freizeit-, Informations- und Kulturgesellschaft geben könne.

In der Tat gibt es nun eine ganze Reihe von empirischen Daten, die die Bellsche Prognose einer Durchsetzung freizeitbezogener Hedonismen und einer zunehmenden Abwendung der Menschen von einer Disziplin erfordernden Arbeit zu rechtfertigen scheinen. Insbesondere Elisabeth Noelle-Neumann hat in den letzten Jahren wiederholt empirische Daten vorgelegt, aus denen sich ablesen läßt, daß negative Einstellungen zu Arbeit und Beruf an Boden gewonnen haben. So hat die Zahl derjenigen Menschen, die „das Leben als Aufgabe" betrachten, stark abgenommen, und in Entsprechung dazu stieg die Zahl derjenigen Menschen, die „das Leben genießen" wollen, deutlich an. Ebenso sank die Bereitschaft, sich im Beruf „voll einzusetzen" und mehr zu tun, als verlangt wird (im Jahr 1967 wurde diese Bereitschaft noch von 54 % der Befragten, im Jahr 1982 dagegen nur noch von 42 % der Befragten geäußert). Auf die Frage „Welche Stunden sind Ihnen am liebsten?" antworteten 1962 nur 28 %, 1976 dagegen bereits 50 % der befragten Bundesbürger mit „Wenn ich nicht arbeite".

Es ist nun allerdings die Frage, was solche Daten eigentlich aussagen. Kurz gesagt gibt es zwei Interpretationsmöglichkeiten: Man kann solche Daten erstens als einen unmittelbaren Ausdruck (oder Ausfluß) des Wertwandels verstehen, und man wird dann notwendigerweise auf den Spuren Daniel Bells zu wandeln haben. Zweitens kann man solche Daten aber auch als Ausdruck einer mißlungenen Begegnung zwischen den gewandelten Werten und Wertverwirklichungsbedürfnissen auf der einen Seite und den Wertverwirklichungsangeboten der Arbeitswelt auf der anderen Seite betrachten, und man wird, wenn man dies tut, zu einer völlig andersartigen Deutung gelangen.

Man wird dann mit vergrößerter Aufmerksamkeit zusätzliche Daten zur Kenntnis nehmen können, denen zufolge bei den Lebensbedürfnissen junger Menschen der „Beruf, der mir gefällt", wie auch die Freizeit gleichermaßen Aufwertungen erfahren haben. Man wird dann weiter solche Daten mit vergrößerter Aufmerksamkeit zur Kenntnis nehmen, aus denen ablesbar ist, daß ein beträchtlich großer und tendentiell wachsender Teil der Arbeitnehmer und öffentlich Bediensteten dazu bereit ist, im Beruf „mehr Verantwortung" zu übernehmen. Man wird dann auch angemessener zu würdigen wissen, daß auf die sehr direkte Frage „Glauben Sie, es wäre am schönsten, zu leben, ohne arbeiten zu müssen?" 1981 kaum mehr Menschen mit „ja" antworteten als 1952, und man wird dann endlich auch ein offenes Ohr für die Tatsache haben können, daß auch nach dem Wertwandlungsschub für die überwiegende Zahl der Menschen die Möglichkeit, sich selbst zu verwirklichen, in einem ganz starken Maße mit dem *Ausmaß des Handlungsspielraums* gekoppelt ist, den man der eigenen Wahrnehmung zufolge während der Arbeit besitzt. Diejenigen Menschen, die einen solchen Handlungsspielraum haben, sind mit ihrem Leben signifikant zufriedener als diejenigen, die diesen vermissen zu müssen meinen.

Der Zugang zu der durch die Daten nahegelegten andersartigen Deutung erschließt sich über die Einsicht, daß der Wertwandel nicht in erster Linie darin zu sehen ist, daß mehr oder weniger hedonistisch gelagerte Freizeitwerte an die Stelle von arbeitsbezogenen Werten treten. Das Vordringen von Selbstentfaltungswerten und das tendentielle Zurücktreten von Pflicht- und Akzeptanzwerten bedeutet vielmehr, daß der einzelne Mensch von seiner gesamten gesellschaftlichen Umwelt — und das heißt: auch von der Arbeit — heutzutage mehr Chancen erwartet, sich selbst mit seinem je eigenen Persönlichkeitspotential „einbringen" zu können und als Person ernstgenommen, angenommen, einbezogen und anerkannt zu werden.

Es wird hierbei, was besonders wichtig ist, kein grundlegender Unterschied zwischen der Arbeitssphäre und den übrigen Lebensbereichen außerhalb der Arbeit mehr gemacht. Vielmehr kommen *Wünsche nach einer Ausbalancierung der verschiedenen Lebensbereiche* in und außerhalb der Arbeit zur Geltung. Denn eben diejenige personale Verwirklichung, die man sich in der Arbeit wünscht, möchte man auch in der Beziehung zum Geschlechtspartner außerhalb der Arbeit erleben. Und man möchte möglichst das gesamte Interessenspektrum, das man — seinem Selbstbild zufolge — in sich trägt, realisieren und ausleben können, d. h. man möchte auch die heute zunehmend angebotenen Selbsterweiterungschancen im kulturellen Bereich wie z. B. auch im Bereich des Kennenlernens anderer Länder und Völker ausschöpfen können oder doch zumindest nicht deshalb ausklammern müssen, weil einen die Notwendigkeit des Gelderwerbs dazu zwingt (wobei natürlich das Bewußtsein, in einer reichen Gesellschaft zu leben, immer mehr mitschwingt). So und nicht anders ist es auch zu erklären, daß man selbst dann, wenn einem die Arbeit Spaß macht, zunehmend zugunsten einer Verkürzung wie auch insbesondere zugunsten einer *Flexibilisierung* der Arbeitszeit votiert. Man will einen Lebensplan aufbauen und vollziehen können, der nach allen Seiten geöffnet ist, der der Erfahrung und Verarbeitung der gesamten verfügbaren *Lebensvielfalt* Raum gibt und der den Zugang zu grundsätzlich allen denjenigen *Optionen* eröffnet, welche die Zivilisations- und Kulturwelt um einen herum bereithält. Dazu gehört aber nach wie vor unabdingbar auch die Berufsarbeit. Wer in der Arbeitssphäre auf Zugangsbarrieren stößt, ist allerdings — und hier scheint das eigentliche Problem zu liegen — in einem hohen Maße frustrationsgefährdet.

Die Belege dafür, daß in der Tat im Anschluß an den Wertwandlungsschub ein erhebliches Ausmaß an Frustration, an massenwirksamer Erwartungsenttäuschung stattgefunden hat, sind in eben jenen *Neigungen zur inneren Abwendung von der Arbeit* zu sehen, die von einzelnen Beobachtern als Ausfluß eines Abwanderns der gesellschaftlichen Werte in Richtung einer originären hedonistischen Freizeitorientierung interpretiert werden. In der Tat wandern die Werte vieler Menschen heute in

Richtung der Freizeit ab. Dies aber nicht deshalb, weil die neuen Werte Freizeitwerte wären, sondern vielmehr deshalb, weil diese Werte, die sich zunächst unterschiedlos auf alles in der Umwelt, d. h. also auch auf die Arbeit richten, von der Arbeitswelt nicht ausreichend absorbiert werden, so daß sie gewissermaßen auf die Freizeitsphäre umgelenkt werden, wo sie scheinbar leichtere Erfüllungsmöglichkeiten finden. Man kann von einer kompensatorischen Werterfüllung in der Freizeit sprechen, obgleich diese Formulierung die Verhältnisse etwas zu sehr vereinfacht. Man wird den Fakten besser gerecht, wenn man so, wie dies in der Erforschung der Attraktivität von Städten geschehen ist, Push- und Pull-Faktoren ins Auge faßt, die der Arbeits- und der Freizeitsphäre gleichermaßen zukommen. Angesichts des Wertewandels, der die Pflicht- und Akzeptanzwerte reduziert und die Selbstentfaltungswerte gestärkt hat, übt die Freizeitsphäre verstärkte Pull-Wirkungen aus, während von der gewissermaßen widerspenstigen, immer noch stärker auf die Pflicht- und Akzeptanzwerte ausgerichteten Arbeitssphäre zunehmende Push- oder Abstoßungswirkungen ausgehen, die die ohnehin wachsende Attraktivität der Freizeit noch steigern.

Man kann die Tendenz zu einer wertwandlungsbedingten Erwartungsenttäuschung in der Arbeitssphäre empirisch nachverfolgen und auch in zeitlicher Hinsicht lokalisieren, wenn man sich diejenigen Daten vor Augen führt, aus denen sich ablesen läßt, daß das *Gefühl, bei „beruflichen Entscheidungen frei und unabhängig"* zu sein, in der Bundesrepublik in allen Berufskreisen, über mehrere Jahre hinweg betrachtet, deutlich abgenommen hat. Diese Entwicklung, die übrigens Tendenzen zu einer absinkenden Gesamtarbeitszufriedenheit während derselben Zeitperiode weitgehend erklärt, findet sich bei jungen Menschen am ausgeprägtesten. Bei ihnen lassen sich seit einiger Zeit in zunehmendem Maße *Erfahrungen eines Praxisschocks* beobachten, der vornehmlich in das erste Jahr der Arbeits- und Berufstätigkeit hineinfällt und der mit einer tiefreichenden Ernüchterung und mit der Umlenkung von Wertverwirklichungsbedürfnissen auf die Freizeit verknüpft ist.

Was hier vor sich geht, kann man als einen *psychodynamischen Anpassungsvorgang* in der schwieriger gewordenen Begegnung mit der Institutionenwelt interpretieren, der im übrigen auch noch andere Formen annimmt als die der gewissermaßen kompensatorischen Triebumlenkung. So lassen sich bei Teilen der Menschen, die diesen Umlenkungsprozeß nicht zu leisten vermögen, akute Resignationserscheinungen mit generellen Wertverlustfolgen feststellen. Bei anderen finden sich Rebellionsneigungen, die sich mit der Suche nach alternativen Nischen verbinden können. Wieder andere pendeln in konservative Grundhaltungen zurück.

Eine allerletzte Gruppe findet allerdings eine Problemlösung, der man das Prädikat einer überraschenden Produktivität zuerkennen wird, da sie darin besteht, die neuen Selbstentfaltungswerte mit den von der Arbeitsumwelt immer noch geforderten Pflicht- und Akzeptanzwerten zu vereinigen und gewissermaßen zu einer Synthese zu bringen. Man ist, wenn einem ein solches persönlichkeitsdynamisches Kunststück gelingt, weder zum Umsteuern noch zur Resignation oder zu einem Rücksturz in die alten Werte gezwungen, da man alle Werte in sich hat. Man kann dann, im Speyerer Forschungsjargon ausgedrückt, aktiver Realist sein, d. h. den institutionellen Anforderungen ungezwungen nachkommen und doch dem Selbstentfaltungsprogramm treu bleiben.

Wertesynthese als Perspektive

„Wertrenaissance" contra Fortdauer des Wertwandels: eine falsche Alternative

Der Frage nach einer Bewertung des Wertwandels oder, deutlicher ausgedrückt, nach einer Stellungnahme ihm gegenüber, aus der sich Konsequenzen ergeben, kann schlechterdings nicht ausgewichen werden. Gerade auch der Empiriker, der zunächst nur nach den beobachtbaren und meßbaren Fakten fragt und der sich der „wertfreien" Wissenschaft verschrieben hat, muß die hier bestehende Unentrinnbarkeit anerkennen. Zumindest wird er sich eingestehen müssen, daß es einen logischen Zwang zur Stellungnahme und Bewertung gibt, vor dem man den Kopf in den Sand stecken mag, der aber dadurch nicht aus der Welt zu schaffen ist.

Letztlich hat dieser Zwang zur Bewertung und Stellungnahme natürlich damit zu tun, daß Werte aus der Natur der Sache heraus selbst dort noch eine normative Qualität haben, wo sie nicht gesamtgesellschaftliche Geltung beanspruchen können, sondern nur von Teilgruppen der Bevölkerung als subjektiver und ganz persönlicher Wunsch-, Anspruchs- oder Überzeugungsbestand hochgehalten werden. Darüber hinaus lassen sich aber — gewissermaßen im Vorraum solcher Existentialien — Bewertungszwänge ausmachen, die sich schon in demjenigen Augenblick einstellen, in welchem man sich überhaupt mit den Werten und ihren Wandlungen politisch zu beschäftigen beginnt; insbesondere in einer Demokratie, die sich den Bedürfnissen der Bevölkerung verpflichtet fühlt, werden Änderungen im Bereich menschlicher Werte nicht auf die leichte Schulter genommen werden dürfen. Zumindest werden die Werte und die mit ihnen verbundenen Wertverwirklichungsbedürfnisse in den

Programmangeboten und -planungen der politisch Verantwortlichen zu berücksichtigen sein.

Die Frage, wie dies geschehen kann und soll, ist nicht so einfach zu beantworten, wie dies vielleicht auf den ersten Blick erscheinen mag. Vor allem ergeben sich dann Probleme, wenn man davon auszugehen hat, daß die Werte keine völlig klar konturierte Gestalt haben, daß sie vielmehr in einer Schübe und Schwankungen einschließenden Bewegung sind und darüber hinaus — in die Zukunft projiziert — womöglich auch weiterhin in einer schwer voraussehbaren Weise wandelbar sind. Es tut sich angesichts einer solchen Einsicht ein *Entscheidungsspielraum* auf, der in der Tat in den letzten Jahren in höchst unterschiedlichen Richtungen genutzt wurde.

So wurde verschiedentlich davon ausgegangen, der Wertewandel bestehe in einem Wachstum „neuer" und in einer Auflösung „alter" Werte und verkörpere nichts anderes als eine durch die Änderung objektiver gesellschaftlicher Sachverhalte nahegelegte Entwicklung. Gerade die Tatsache, daß die Kerngruppe der Träger des Wertwandlungsschubs aus jungen Gebildeten bestand, gab zu der Annahme Anlaß, die „neuen" Werte *unmittelbar als quasi-normative Leitinstanzen* der künftigen gesellschaftlichen und politischen Entwicklung verstehen zu können. Die politische Folgerung, die zu ziehen war, schien sich auf die Frage einengen zu lassen: Was müssen wir tun, um den ans Tageslicht drängenden zukunftsverkörpernden Werten gerecht werden zu können? Oder schärfer ausgedrückt: Wie müssen wir die Gesellschaft verändern und umgestalten, damit sie diesen neuen Werten möglichst vollständig entspricht?

Eine entgegengesetzte Folgerung ergab sich allerdings dort, wo man — von einer oft dramatisierenden Einsicht in mancherlei Problemfolgen des Wertwandlungsschubs ausgehend — *Wertrenaissancen* sichtete und wo man meinte, als politische Konsequenz einen „Wertkonservatismus" auf seine Fahnen schreiben zu können und zu sollen.

Man konnte sich hierbei auf die unbezweifelbare Tatsache stützen, daß der Wertwandlungsschub in der zweiten Hälfte der 70er Jahre seine bis dahin vorhandene Antriebskraft einzubüßen begann. In der Sprache der Wertwandlungsforschung ausgedrückt, waren die nachwachsenden Jungen plötzlich nicht mehr selbstentfaltungsorientierter als die vorausgegangenen Jugendjahrgänge. Gleichzeitig ließ sich aber auch feststellen, daß die auf alle Altersgruppen gleichzeitig einwirkenden „Periodeneffekte" nicht mehr mit derselben Eindeutigkeit zugunsten der Selbstentfaltungswerte verliefen wie bisher.

Den Verfechtern eines Wertkonservatismus könnte somit (bis hierhin betrachtet) eine empirisch gesehen besser fundierte Position zugeschrieben werden als den Herolden der „neuen" Werte. Allerdings unterlief ihnen der Fehler, zeitweilige Rückläufigkeiten der Selbstentfaltungswerte, die in Wirklichkeit mit verstärkt einsetzenden Werteschwankungen zusammenhingen, ohne weiteres als Indizien einer definitiven Umkehr des Wertveränderungstrends zu interpretieren. Rechnet man alle verfügbaren Fakten über den Abschluß des Wertwandlungsschubs und über die zunehmenden Werteschwankungen zusammen, dann gelangt man aber zu der Folgerung, daß von einer Wertrenaissance — ungeachtet gelegentlich auftauchender suggestiver Datenmitteilungen — keine Rede sein kann. Eher kommt man den Tatsachen nahe, wenn man davon ausgeht, daß es über alle Schwankungen hinweg immer noch einen gewissen Trend in Richtung der Selbstentfaltungswerte gibt, der allerdings zu schwach ist, um als eine Fortsetzung des Wertwandlungsschubs der 60er und 70er Jahre angesprochen werden zu können.

Zusammenfassend kann man, aus der Perspektive der empirischen Wertforschung betrachtet, keiner der beiden miteinander konkurrierenden Deutungs- und Bewertungspositionen zustimmen. Der Wertewandel war in Wahrheit ein Wertwandlungsschub, der gewissermaßen in der Mitte des Weges abbrach, ohne daß dies allerdings zu einem Zurückpendeln der Werte in irgendeine wertkonservative Normallage führte. Vielmehr verharren die Werte bis heute immer noch in einer Art von *unentschiedener Schwebelage,* die von *heftigen Werteschwankungen* begleitet ist.

Die Aufgabe der Stellungnahme erschwert sich naturgemäß ganz beträchtlich, ihre Bewältigung erfordert offensichtlich ein tieferes Eindringen in die Wertedynamik, wobei insbesondere zwei Fragen zu beantworten sind:

1. Ist der gegenwärtige unentschiedene Zustand der Werte vielleicht eine Zwischenlage in einem komplexeren Bewegungsablauf, mit dessen Fortsetzung — unter näher angebbaren Bedingungen — in der Zukunft zu rechnen sein wird?

2. Ist die gegenwärtig und in Zukunft zu erwartende Wertedynamik auf gewollte oder ungewollte Weise beeinflußbar, also in irgendeiner Weise entscheidungs- und politikabhängig?

Wollte man diese beiden Fragen auf eine systematische Weise beantworten, so müßte man sicherlich über eine Theorie der Wertedynamik verfügen, die wir allerdings bisher (ungeachtet einer Reihe von interessanten Einzelansätzen) noch nicht besitzen.

Im Vorraum einer solchen wünschenswerten Theoriebildung soll hier einer Beantwortungsperspektive gefolgt werden, die sich unter das Stichwort der Wertesynthese stellen läßt. Wir bleiben, wenn wir so vorgehen, in nächster Nähe der empirischen Fakten, ohne die in Richtung der Theorie zielende Spekulation gänzlich zu verabschieden.

Es ist dies eine Vorgehensweise, an deren Stelle sich natürlich auch eine andere des direkten antizipativen Vorgriffs auf die Theorieebene verfolgen ließe. Was für die erstere Lösung spricht, ist jedoch die schlichte Tatsache, daß die Daten eine Fülle von Informationen bereithalten, die für die weiterführende Aufgabe der Theoriebildung von sehr großer Bedeutung sein müssen.

Das Konzept der Wertesynthese

Um den Zugang zu der Perspektive einer Wertesynthese zu gewinnen, kann man unmittelbar an die skizzierte Situation der Werte nach dem Auslaufen des Wertwandlungsschubs der 60er und 70er Jahre anknüpfen. Die vorherrschende Koexistenz der Pflicht- und Akzeptanzwerte und der Selbstentfaltungswerte in den individuellen Seelen spricht dafür, daß es ein weitverbreitetes Hin-und-her-gerissen-Sein zwischen diesen beiden Wertebereichen gibt. Auf der einen Seite konnten sich zwar Neigungen zur autozentrischen Orientierung geltend machen, die aber auf der anderen Seite zahlreichen Hemmungen begegnete, die von den noch intakten nomozentrischen Bereitschaften ausgingen. Die bestehenden inneren Spannungen werden, wie wir feststellten, durch Sphärentrennungen verschiedener Art wie auch durch eine Neigung zur Ausbildung temporär wechselnder (also schwankender) Wertorientierungen in Anpassung an die jeweils vorherrschenden situativen Einflußkräfte vermindert. Nichtsdestoweniger müssen in zahlreichen Fällen Spannungsreste verarbeitet werden, die die Psyche der Menschen unter Druck setzen.

Die Frage, ob zu den in einer solchen Lage in Frage kommenden Entlastungsmechanismen nicht vielleicht auch eine „Synthese" der miteinander um die Vorherrschaft rivalisierenden Wertbereiche hinzutreten könnte, mag angesichts einer solchen Situationsschilderung in der Luft liegen. Und an diese eine Frage könnte sich die andere, weiterführende anschließen, ob eine solche Wertesynthese nicht vielleicht die Grundlage zu einer Vereinigung der spezifischen Vorteile und Positivseiten beider Wertebereiche bei gleichzeitiger Ausklammerung oder Neutralisierung ihrer jeweiligen Problemseiten abgeben könnte.

Ist man erst einmal an diesem vorgeschobenen Posten des Spekulierens angelangt, dann drängt sich aber der kühne Sprung ins Reich der intentionalen Gestaltung geradezu auf. Man könnte sich dann nämlich eine *Wertepolitik* vorstellen, die darauf hinzielt, diese offenbar höchst produktive, für Mensch und Gesellschaft unabsehbare Vorteile versprechende Möglichkeit nachdrücklich zu fördern. Problematischere Entlastungsstrategien erübrigen sich damit mehr oder weniger. Gleichzeitig würden aber auch die ausführlich dargestellten Problemfolgen des Wertwandlungsschubs weitgehend entfallen. Die scheinbar so unerquickliche Situation der Werte am Ende des Wertwandlungsschubs würde sich damit — von ihrer Potentialseite her gesehen — als eine in Wahrheit höchst aussichtsreiche Ausgangslage für eine zukunftsträchtige Entwicklung darstellen.

Der hier ansetzende gesellschaftgestaltende Zugriff würde sich zwar nicht auf das Bewußtsein stützen können, unmittelbar mit dem Strom der Entwicklung (oder auch auf dem Rücken ihrer Rückwendung zu „normalen" Verhältnissen) schwimmen zu können. Er würde jedoch eine Art Geburtshelferrolle gegenüber Möglichkeiten in Anspruch nehmen können, die durch die „Autopoiesis" der gesellschaftlichen Entwicklung zwar hervorgebracht, aber nicht gleichzeitig auch realisiert werden können. Der Selbstgestaltung des Menschen wäre eine Möglichkeit erschlossen, in welcher das autozentrische Prinzip triumphieren könnte, ohne sich aber gleichzeitig selbstzerstörerisch gegen die Grundlagen der vergesellschafteten Existenz richten zu müssen.

Die Entdeckung der „aktiven Realisten" (Forschungsbericht I)

Die vorstehende Imagination einer Wertesynthese mag auf den ersten Blick betrachtet verhältnismäßig luftig und phantasiebetont erscheinen; ein gewisses Wunschdenken scheint bei ihrer Konzipierung Pate gestanden zu haben. Ungeachtet dieses Eindrucks, dessen man sich zugegebenermaßen bei der ersten Begegnung mit diesem Gedanken kaum erwehren kann, sprechen die empirischen Fakten aber für seine Realistik. Kurz gesagt konnten in den Speyerer Forschungen zum Wertwandel eindeutige Belege dafür erbracht werden, daß sich inmitten des Wertwandlungsschubs und der ihm nachfolgenden Turbulenzen ausreichende Bedingungen dafür fanden, daß sich die *Wertesynthese auf spontane Art und Weise bei einem nennenswerten Teil der Bevölkerung* zu entwickeln vermochte.

Es kann an dieser Stelle die Anmerkung hinzugefügt werden, daß es sich bei diesem Bevölkerungsteil nicht um die Kerngruppe der jungen Gebildeten handelt, bei denen sich die autozentrische Orientierung in einer verhältnismäßig reinen Form findet. Die Wertesynthese bringt zwar keineswegs eine Zurückdrängung der Autozentrik mit sich, aber sie hebt sie gewissermaßen in einem komplexeren wertdynamischen Zusammenhang auf, so daß sie manche ihrer besonders charakteristischen Merkmale verliert.

Hierzu gehört, daß die Kerngruppe der Wertesynthetiker unauffälliger ist, was auch die hauptsächliche Ursache dafür sein mag, daß die Wertesynthese als ein höchst aktueller gesellschaftlicher Entwicklungssachverhalt bis zum

Beginn der Speyerer Forschungen unerkannt blieb. Der Zeitgeist war — einschließlich seiner sozialwissenschaftlichen Exponenten und Interpreten — durch die geräuschvolle „Avantgarde der Postmaterialisten" gebannt. So konnten sich die Träger der Wertesynthese inmitten der „Informationsgesellschaft" einer praktisch vollständigen Unbekanntheit und Anonymität erfreuen. In der gesellschaftlichen Selbstreflexion konnten sie bis heute keine Rolle spielen, obwohl man ihnen eigentlich mit Fug und Recht die Bedeutung einer „echten" Avantgarde zusprechen könnte.

Angesichts dieser potentiellen Bedeutung sei dem Leser nachfolgend ein Forschungsbericht zugemutet, der ihn damit vertraut machen soll, wie es zu der Speyerer Entdeckung kam, bei der der Autor maßgeblich durch seine Mitarbeiter G. Franz und W. Herbert unterstützt wurde.

In der Vorgeschichte dieser Entdeckung spielte eine methodentechnische Entscheidung eine ausschlaggebende Rolle, die verhältnismäßig unscheinbar anmuten mag und an der ein Nicht-Sozialwissenschaftler normalerweise achtlos vorbeigehen würde: Wir entschieden uns Ende der 70er Jahre bei der Vorbereitung einer Untersuchung, in der Wertorientierungen erhoben werden sollten, dazu, von dem bis dahin gebräuchlichen „Ranking"-Verfahren zu einem „Rating"-Verfahren überzugehen, d. h. die Befragten nicht wie bisher dazu zu zwingen, eine bestimmte Menge einzelner Wertbezeichnungen in eine nach Rangstufen geordnete Reihenfolge zu bringen, sondern ihnen zu jeder einzelnen Bezeichnung eine von 1 bis 7 verlaufende Skala an die Hand zu geben, mit deren Hilfe sie die Wichtigkeit jedes Wertes für sie selbst gesondert angeben konnten. Wir ließen uns hierbei von der Absicht leiten, die Beschaffenheit des Wertrepertoires der Befragten realistischer (d. h. jedenfalls zweidimensional) erfassen zu können und Gleichrangigkeiten von

Werten, mit deren Auftreten wir rechneten, unverzerrt in den Blick nehmen zu können.

Wohlgemerkt wußten auch wir zu dieser Zeit noch nichts von der Wertesynthese. Wir ahnten jedoch etwas von ihrer Möglichkeit, als wir feststellen konnten, daß es zwar in den Werten der Bevölkerung eine fundamentale Spannung zwischen Pflicht- und Akzeptanz- und Selbstentfaltungswerten gab, die jedoch nicht verhinderte, daß die Mehrheit der Befragten nichtsdestoweniger beide Werteflügel aufwies.

Wir entschlossen uns angesichts der kuriosen Verhältnisse, auf die wir gestoßen waren, zu einem verhältnismäßig gewaltsamen Schritt, mit dem wir uns einen Überblick über die insgesamt vorhandenen Wertkonstellationen auf der individuellen Ebene verschaffen wollten: Wir „dichotomisierten" sowohl die Pflicht- und Akzeptanzwerte wie auch die Selbstentfaltungswerte, d. h., wir bereiteten uns darauf vor, uns nur dafür zu interessieren, ob sie im Einzelfall hoch oder niedrig ausgeprägt waren. Anschließend erfaßten wir die folgenden *Ausprägungskonstellationen* der beiden Wertegruppen:

Typ 1: Pflicht- und Akzeptanzwerte hoch,
        Selbstentfaltungswerte niedrig;

Typ 2: Pflicht- und Akzeptanzwerte hoch,
        Selbstentfaltungswerte hoch;

Typ 3: Pflicht- und Akzeptanzwerte niedrig,
        Selbstentfaltungswerte niedrig;

Typ 4: Pflicht- und Akzeptanzwerte niedrig,
        Selbstentfaltungswerte hoch.

Wir mußten bei diesem Vorgehen darauf verzichten, diejenigen ca. 45 % der Befragten zu erfassen, bei denen die beiden Wertegruppen mittelstark (d. h. also weder hoch noch niedrig) ausgeprägt waren. Die übrigbleibenden 55 % der Befragten verteilten sich jedoch auf eine höchst interessante und eigentlich überraschende Weise: Auf die

Kerngruppe der autozentrischen Orientierung (Typ 4) entfielen ca. 10 % der Befragten, während ca. 20 % von ihnen umgekehrt noch die „herkömmliche" Wertekonstellation aufwiesen (Typ 1), d. h. also vom Wertwandel verhältnismäßig wenig geprägt waren. Ca. 10 % der Befragten offenbarten demgegenüber einen mehr oder weniger totalen Wertverlust, indem sie auf beiden Werteseiten niedrige Ausprägungen zur Schau stellten (Typ 3), und ca. 15 % dokumentierten endlich das, was wir — zunächst noch mit einigem spekulativen Mut — als Wertesynthese ansprachen, nämlich hohe Ausprägung auf beiden Seiten (Typ 2).

Spekulativer Mut gehörte insofern zu dieser terminologischen Entscheidung, als wir ja zunächst ausschließlich mit dem Sachverhalt einer Koexistenz von stark ausgeprägten Pflicht- und Akzeptanz- und Selbstentfaltungswerten konfrontiert waren. Wir sahen uns in dieser Entscheidung jedoch über Erwarten deutlich bestätigt, als wir uns aufgrund der aus der Erhebung verfügbaren umfangreichen Daten die Frage vorzulegen begannen, ob denn die vier Typen, die zunächst nicht viel mehr als statistische Konstruktionen waren, auch als „reale" Typen angesprochen werden können, d. h. deutlich („signifikant") voneinander unterscheidbare Einstellungsmerkmale und Verhaltensdispositionen besitzen.

Wir konnten *erstens* feststellen, daß in der Tat die vier statistischen Typen über alle überhaupt nur einbeziehbaren Einstellungen und Verhaltensdispositionen hinweg unverkennbare Eigentümlichkeiten aufwiesen; wir konnten *zweitens* entdecken, daß sich die einzelnen Unterschiede über die Gesamtheit der einbezogenen Merkmale hinweg zu in sich konsistenten Unterschieds-Profilen oder -Mustern ergänzten, die sich sinnhaft interpretieren ließen, so daß wir den Typen auch Namen geben konnten, in denen wir die jeweils vorherrschende Gesamttendenz zum Ausdruck zu bringen versuchten (die Angehörigen des Typs 1 nannten wir „ordnungsliebende Konventionalisten", die des Typs 3 „perspektivenlose Resignierte", die des Typs 4 „nonkonforme Idealisten" und die des wertsynthetischen Typs 2 „aktive Realisten").

Wir konnten endlich *drittens* mit einem nunmehr fast schon ungläubigen Staunen feststellen, daß es durchaus keine Sünde wider die Tatsachen war, dem wertsynthetischen Typ des „aktiven Realisten" eine Vereinigung der „guten" Eigenschaften der anderen Typen bei weitgehender Ausklammerung ihrer „schlechten" zuzuschreiben, d. h. also diesen Typ letztlich als das Produkt einer gewissermaßen evolutionären sozialen Selbstentwicklung im Prozeß eines ganz offenbar positive Kräfte entfaltenden gesellschaftlichen Wandels anzusehen.

Psychogramme als Bewertungsgrundlage

Einige Fragmente von Psychogrammen der vier Typen sollen nun dieses buchstäblich umstürzende Ergebnis verdeutlichen. In der nachfolgenden Tabelle ist zunächst eine Reihe von Einstellungen festgehalten, die sich überwiegend auf den Bereich der Arbeitswelt beziehen, die teils aber auch die politische Kultur betreffen (alle Angaben beruhen auf Ergebnissen von Befragungen zu Beginn der 80er Jahre und geben Selbsteinschätzungen der Befragten wieder; die Plus- und Minuszeichen kennzeichnen die Richtung und die Stärke der jeweiligen Abweichungen vom Gesamtdurchschnitt aller jeweils Befragten): (siehe Tabelle 3)

Der hohe Informationsgehalt der Tabelle soll und kann hier nicht im Detail kommentiert werden. Was zunächst aber eindrucksvoll ins Auge fällt, ist die ausgeprägte *Unterschiedlichkeit,* sodann aber auch die *innere Stimmigkeit der typenspezifischen Eigenschaftsprofile.*

Tabelle 3: Typenspezifische Profile: Einstellungen und Verhaltensdispositionen

	Wertetypen			
	Typ 1	Typ 2	Typ 3	Typ 4
Zufriedenheitsdisposition	+ +	+	−	− −
Anpassungsbereitschaft = Autonomieverzicht	+ +	−	+	− −
Durchsetzungsfähigkeit	−	+ +	− −	+
Eigeninitiative	−	+ +	− −	+
Selbstzuschreibung hoher Arbeitsleistung	+ +	+ +	− −	− −
Interesse an vermehrter Leistung	−	+ +	−	+
Interesse an sinnvoller Arbeit	−	+ +	−	+ +
Bereitschaft zu Mehrarbeit bei erhöhter Bezahlung	+ +	+	−	− −
Interesse an verkürzter Arbeitszeit bei verminderter Bezahlung	− −	−	+	+ +
Interesse an handlungsfähiger, kompetenter Führung	+ +	+ +	+	−
Gesellschaftspolitisches Engagement	−	+	− −	+ +
Interesse an gesellschaftlichen Änderungen (+ Bereitschaft, hierfür einzutreten)	−	+	−	+ +
Bereitschaft, aktiv für eigene Interessen zu kämpfen	− −	+	−	+
Interesse an sozialer Sicherheit	+ +	+ +	+ +	−

Quelle: H. Klages/G. Franz/W. Herbert: Wertwandel in der Jugend. Neue Herausforderungen für die Unternehmensführung, in: PERSONAL 2/85, März 1985, S. 52.

Bei näherer Untersuchung der zwischen den Typen bestehenden Unterschiede drängen sich unwillkürlich — aus den empirisch erschlossenen Fakten heraus — Bewertungen auf. Im Unterschied zum „aktiven Realisten", der mit beiden Beinen im Leben steht, ist der „perspektivenlose Resignierte" passiv, mit einem schwachen Selbstbewußtsein ausgestattet, kontaktarm und mißtrauisch gegenüber seiner mitmenschlichen Umwelt und in einer diffusen Weise unzufrieden. Er ist ein gebranntes Kind und muß als Opfer einer mißlungenen Sozialisation aufgrund eines allzu starken Divergierens von unangepaßten Wertorientierungen und gesellschaftlichen Angeboten der Wertverwirklichung verstanden werden.

Aufgrund der beobachtbaren typenspezifischen Divergenzen legen sich auch zwischen den „aktiven Realisten", den „ordnungsliebenden Konventionalisten" und den „nonkonformen Idealisten" Wertungsunterschiede nahe. Wie die vorstehende Tabelle zeigt, sind die Angehörigen des Typus 2, d. h. also die „aktiven Realisten", ebenso disziplinfähig und einfügungsbereit wie auch zu einem — vermutlich konstruktiven — kritischen Engagement bereit und in der Lage. Sie sind ebenso familien- und freizeit- wie auch berufsorientiert, und sie entwickeln in beiden Richtungen eine besonders hohe Aktivität. Sie sind ebenso zur Respektierung von Gesetz und Ordnung wie auch zur Verteidigung ihrer Rechte und Interessen gegenüber Ämtern und Behörden bereit. Im Bereich des alltäglichen Arbeitens sind diese Menschen durch eine Leistungsbereitschaft gekennzeichnet, die mit hoher Eigeninitiative und mit einem stark entwickelten Interesse an sinnvoller Arbeit gepaart ist. Sie sind weiterhin in hohem Maße bereit, Verantwortung zu übernehmen, wenn ihnen ein ausreichend erscheinender Freiraum zugebilligt wird. Sie besitzen nichtsdestoweniger aber gleichzeitig auch ein deutliches Interesse an einer handlungsfähigen und kompetenten Führung.

Demgegenüber sind die Angehörigen des Typus 1, d. h. also die „ordnungsliebenden Konventionalisten", verhältnismäßig passiv. Sie kümmern sich vor allem um ihr persönliches Wohlergehen und sind nur ungern bereit, Verantwortung für neue, ungewohnte Aufgabenstellungen zu übernehmen. Sie stellen außerdem eine gewisse Kontaktscheu zur Schau. Die Angehörigen des Typus 4, d. h. also die „nonkonformen Idealisten", sind häufig unzufrieden, weil die Realität allzuoft hinter ihren stets hochgespannten, an die Grenzen des Möglichkeitsraums vorstoßenden Vorstellungen und Erwartungen zurückbleibt. Sie sind insbesondere höchst empfindlich gegenüber faktischen oder auch nur subjektiv empfundenen oder vermuteten Autonomieeinschränkungen, und sie neigen zu Frustrationserlebnissen, die sich leicht mit Gefühlen der Ohnmacht und mit pessimistischen Zukunftserwartungen verbinden. Im Kern ihrer Realitätserfahrung steht die Polarität zwischen dem Selbst und einer oft als feindlich eingeschätzten Umwelt.

Die nachfolgende Tabelle verdeutlicht und ergänzt diese Charakterisierung, indem sie kennzeichnende Unterschiede des Realitätsbezugs der vier Typen anhand der von den Befragten vorgenommenen Einschätzung der Wichtigkeit unterschiedlicher gesellschaftlicher Problemfelder ausweist: (siehe Tabelle 4)

Vergleichen wir zunächst die Kontrasttypen 1 und 4, so können wir feststellen, daß sie gleichermaßen hochselektive Problembezüge aufweisen, die sich mit mehr oder weniger dicht anliegenden Scheuklappen für diejenigen Realitätsbereiche verbinden, die von den jeweiligen Wertspektren nicht erreicht werden. Wir können weiterhin bemerken, daß die Interessenfelder der beiden Typen strikt gegensätzlich gelagert sind und daß der Wertpolari-

Tabelle 4: *Probleme und Mißstände in der Bundesrepublik nach Wichtigkeit.*
Werttypenspezifische Abweichungen vom Mittelwert der Gesamtbevölkerung[1])

	Konventionalisten	Realisten	Resignierte	Idealisten
Inhumanität der Gesellschaft				
— Kinderfeindlichkeit	— —	+	— —	+ +
— Entmenschlichung der Arbeitswelt, Automatisierung und Technisierung	— —	+ +	— —	+ +
— Hektik, Streß	+	+ +	—	—
— Konkurrenzkampf, jeder gegen jeden	—	+ +	— —	+
Zerfall von Werten und politischem Bewußtsein				
— Mangel an Werten und Idealen	—	+ +	— —	+
— Mangel an politischem Bewußtsein	—	+ +	— —	+ +
— Mangel an Gemeinschaftsgefühl Solidarität	— —	+	— —	+ +
— zu großes Wohlstandsdenken	— —	+ +	— —	+ +
— kulturelle Verarmung	—	+ +	— —	+
Deviante Verhaltenstendenzen				
— Gewaltanwendung	+	+	—	—
— Drogenabhängigkeit, -mißbrauch	+	+ +	— —	—
— Alkoholabhängigkeit, -mißbrauch	—	+ +	— —	+
— Jugendkriminalität, -verwahrlosung	+	+	— —	—
— Orientierungslosigkeit der Jugend	—	+	— —	+
Verhältnis von Bürger und Staat				
— Ausufern des öffentlichen Dienstes/ des Beamtenstaates	—	+ +	—	+
— staatliche Bevormundung, fehlendes Mitspracherecht des Bürgers bei öffentlichen Entscheidungen und Gesetzgebung	—	+	— —	+ +

1) Abweichungen zwischen 0.01 und 0.14: + oder —; Abweichungen von 0.15 und größer: + + oder — —; keine Abweichung: (0).

(Fortsetzung Seite 127)

Fortsetzung Tabelle 4

	Konven- tiona- listen	Rea- listen	Resi- gnierte	Idea- listen
„Rechts-" und „linksorientierte" *Wahrnehmungen einer Gefährdung* *von gesellschaftlicher Ordnung*				
— Mangel an „starken" Männern in der Politik	+	+ +	—	— —
— zu viele Ausländer	+ +	+	(0)	— —
— Anzeichen eines neuen Faschismus	— —	+	—	+ +
Wirtschaft und Umwelt				
— Arbeitslosikeit	+	+	—	—
— ständig steigende Preise	+	+	—	— —
— Umweltverschmutzung, -zerstörung	—	+	— —	+ +
Ungerechte Vermögens- und Steuerpolitik	+	+	—	—
Angst vor der Zukunft	—	+	—	+

Quelle: G. Franz/W. Herbert: Werte, Bedürfnisse, Handeln: Ansatzpunkte politischer Verhaltenssteuerung, Frankfurt/New York 1986, S. 55.

sierung somit — in exakter Abbildlichkeit — eine Interessenpolarisierung entspricht. Auf eine schlagend eindeutige relative Indifferenz gegenüber sämtlichen erfaßbaren gesellschaftlich-politischen Problembereichen stoßen wir demgegenüber bei dem resignativen Typ 3, zu welchem jedoch der wertsynthetische Typus einen Kontrast von erstaunlicher Klarheit liefert: Ohne jegliche Selektionstendenz liegen bei ihm alle erfaßten Problembereiche im Lichtkegel einer breit ausgreifenden Aufmerksamkeitszuwendung. Die Steuerung der betreffenden Einstellungen durch Werte folgt, wie man sieht, einer sehr einfachen Formel: durch Wertorientierungen werden Sensibilitäten für bestimmte Themen hervorgerufen. Je umfassender die Wertspektren sind, desto einschränkungs-

und lückenloser sind also auch die Aufmerksamkeits-
bereiche.

Die letzte Tabelle wendet sich einem einzelnen Problem-
bereich von besonderer Aktualität, dem Bereich Energie
und Umwelt zu und analysiert die ihm zuzurechnenden
Einstellungen auf eine eingehendere Weise. Es werden
hierbei die (auf einer relativ handlungsfernen Ebene) lie-
genden Bewußtseins- und Bedürfnisorientierungen allgemeiner Art („Umweltbewußtsein"; „Bedürfnis, umwelt-
bewußt zu leben") von konkreten Handlungsbezügen
unterscheidbar, wobei sich nochmals eindeutige typen-
spezifische Unterschiede einstellen, die hinsichtlich der
Durchleuchtung der Typen einen sehr wichtigen ab-
schließenden Schritt gestatten.

Tabelle 5: Problembewußtsein und Verhalten im Bereich
Energie und Umwelt

	Typ 1	Typ 2	Typ 3	Typ 4
Umweltproblembewußtsein	—	+	——	+ +
Bedürfnis, umweltbewußt zu leben	——	+	——	+ +
Tätigung energiesparender Investitionen	+	+ +	——	——
Energiesparendes Verhalten	+	+ +	——	+
Umweltfreundliche Pkw-Nutzung (nur Autofahrer)	—	+ +	—	+
Umweltfreundliches Konsumverhalten	—	+	——	+ +

Wendet man sich zum Zweck der Interpretation zunächst noch einmal der vorhergehenden Tabelle 2 zu,
dann kann man erkennen, daß der Typus 4 im Problem-
bereich „Umweltverschmutzung" einen höheren Auf-
merksamkeitswert erreicht als der Typus 2. Eben dieses
Ergebnis bestätigt sich, wenn man in der vorstehenden

Tabelle 4 diejenigen Zuwendungsniveaus vergleicht, welche die beiden Typen bei den allgemeinen Bewußtseins- und Bedürfnisorientierungen zur Schau stellen.

Dieses Verhältnis kehrt sich jedoch nun auf eine höchst eindrucksvolle Weise um, sobald man sich den konkreten Handlungsbezügen zuwendet: In drei von vier Fällen liegen nunmehr die Wertsynthetiker vor den Wertmodernisten. Während die konstitutionell Aufmüpfigen zwar eine hochgradige Sensibilität für die Umweltproblematik als solche zur Schau stellen, sind es in erster Linie die Synthetiker, die sich als aktive Problemlösungsrealisten entpuppen, d. h. die ihnen verfügbaren Handlungschancen nutzen, um selbsttätig und mit eigenen Kräften Verbesserungsbeiträge zu erbringen.

Es steht dem nichts im Wege, eben dieses Ergebnis auch auf vielfältige andere Problemzuwendungen zu übertragen, da hier ein allgemeines, mit der jeweiligen Wertausstattung zusammenhängendes Dispositionsmuster vorliegt. Während beim wertsynthetischen Typus 2 kritisches Engagement, Eigeninitiative und Verantwortungsbereitschaft zusammenfallen, schieben sich beim wertmodernistischen Typus 4 zwischen die Einzelelemente dieses Einstellungs- und Haltungsverbundes Trennlinien, Barrieren und Hemmungen ein. Die Erkennung von Problemen führt hier in einem viel stärkeren Maße zum Gefühl des Bedrohtseins durch äußere Mächte, bei denen es sich dann typischerweise um gesellschaftlich-politische Mächte handelt. Das eigene Handeln bleibt hierbei zwar nicht ausgeklammert, aber der in Betracht gezogene Handlungs- und Wirksamkeitsraum wird in eine gänzlich andere Ebene — in die Ebene politischer Optionen nämlich — verlagert. Praxis bedeutet dann in erster Linie die politische Praxis des Protests und nur in einem viel geringeren Maße die Praxis energiesparender persönlicher Verhaltensweisen. Politisch-gesellschaftliche Oppositions- und Protestpraxis geht somit vor persönliche Lebenspraxis — eine Relation, die erst dann umgekehrt zu werden vermag, wenn angesichts mangelnder politischer Einwirkungsmöglichkeiten Frustration aufkommt und das Aussteigen in Richtung alternativer Ökonomieprinzipien zum Leitbild wird.

Die Botschaften der empirischen Forschung

Eine erste entscheidende Botschaft, die man der Entdeckung der Wertesynthese entnehmen kann, ist natürlich die, daß wesentliche Möglichkeiten für eine Überwindung der denkbar schwerwiegenden Folgeprobleme des Wertwandlungsschubs in der *Dynamik des Wertwandels* selbst aufzufinden sind.

Das Verhältnis der aktiven Realisten zu den großen Organisationen ist zwar keineswegs problemlos, aber es enthüllt Ansatzpunkte für eine Fülle konstruktiver Gestaltungsmöglichkeiten. Ähnlich steht es mit ihrem Verhältnis zur Politik und zum Staat. Man wird zwar auch ihnen nur eine begrenzte Bereitschaft zur Parteiidentifikation früherer Tage zusprechen dürfen, aber sie sind dazu in der Lage, ihre Erwartungen an die Politik verhältnismäßig rational zu kontrollieren. Sie vermögen es gleichzeitig auch, staatliche Leistungen auf eine relativ angemessene Weise zu bewerten, so daß bei ihnen sehr wohl Voraussetzungen für den Aufbau einer Legitimitätsreserve für kritische Zeiten vorhanden sind. Ungeachtet ihres Engagements für fortschrittliche Ziele und ihrer kritischen Hellhörigkeit für die Gefährdung eigener Nutzwertgesichtspunkte durch fremde Interessen, die in der Maske des Gemeinwohls einherschreiten, sind sie für Sachzwangargumente durchaus zugänglich, sofern diese nur glaubwürdig genug begründet sind. Man kann bei ihnen auch eine weitgehende Bereitschaft zur Akzeptanz von Rechtsnormen finden, die auf einer verhältnismäßig stark entwickelten Fähigkeit aufbaut, den Plausibilitätscharakter von Regelungen auf eine pragmatische Weise zu erspüren. Der traditionale Normallebenslauf unter Einschluß der obligatorischen Familiengründung hat zwar auch bei ihnen seine ehemalige Verbindlichkeit eingebüßt. Sie haben aber nur verhältnismäßig geringe Neigungen zu einer quasi-ideologischen Abkehr von der Ehe und sie entwickeln eine viel geringere Bindungsfurcht als andere. Außerdem werden von ihnen die persönlichen Einschränkungen, die mit Kindern verbunden sind, mit verhältnismäßig nüchternen Blick ins Visier genommen, so daß sie ihre Schrecken weitgehend verlieren. Das Bekenntnis zu einer partnerschaftlichen Lastenverteilung in der Ehe verbindet sich bei ihnen mit einer tatkräftigen Inangriffnahme praktischer Lösungen. Die Erbringung von Arbeitsdisziplin und hoher Leistung kann von ihnen unter der Bedingung erwartet werden, daß ihren Bedürfnisse nach Sinnerfahrung, Handlungsspielraum und Neigungsentfaltung ausreichend Rechnung getragen wird.

Wenn wir sagten, daß der Typ des *aktiven Realisten* als das Produkt einer gewissermaßen *evolutionären sozialen Selbstentwicklung* im Prozeß eines ganz offenbar *positive Kräfte entfaltenden gesellschaftlichen Wandels* anzusehen ist, dann kann also nunmehr ein guter Teil dessen, was damit ausgesagt werden sollte, als ausreichend belegt betrachtet werden. Man findet und trifft das *evolutionäre Potential des Wertwandels* ganz offensichtlich nicht, indem man die eingetretene Gewichtsverschiebung zwischen den Pflicht- und Akzeptanzwerten und den Selbstentfaltungswerten schlechterdings als fortschrittlich deklariert und bedingungslos zugunsten der „neuen" Werte optiert. Dermaßen einfach liegen die Dinge mit Sicherheit nicht. Die Entdeckung des aktiven Realisten läßt andererseits aber auch die Neigung zur Option für die

„alten" und „bewährten" Werte, d. h. zugunsten einer Wertrenaissance, als eine Art von Fluchtreaktion erscheinen, die im Prozeß des Wandels selbst steckende Potentiale einer evolutionären Vernunft verkennt und die mit dem Rückzug ins Schneckenhaus der Vergangenheit eine den Psychologen wohlbekannte höchst unbefriedigende Konflikt- und Problemlösungsstrategie einschlägt.

Eine weitere entscheidende Botschaft, die aus der Entdeckung der Wertesynthese ableitbar ist, besteht demgegenüber im Kern darin, daß der optimale Weg der Problemlösung ganz offenbar nicht in einem Werteverzicht nach irgendeiner Seite hin, sondern vielmehr in einer *Werteverstärkung nach allen Seiten hin* besteht.

Die wesentliche Bedingung für die Realistik dieses auf den ersten Blick unwahrscheinlich erscheinenden Problemlösungsweges ist natürlich die, daß die beiden einander gegenüberstehenden und im Wertwandlungsschub direkt miteinander konfrontierten Wertegruppen der Pflicht- und Akzeptanzwerte und der Selbstentfaltungswerte intrapsychisch derart vereinbar sind, daß sie hinsichtlich ihrer Wirkungen auf die Persönlichkeit im Sinne gegenseitiger Ergänzung und Steigerung amalgamieren können.

Die Erfüllbarkeit eben dieser wesentlichen Bedingung wird aber durch die Wertesynthese demonstriert. Während die beiden Wertegruppen überall dort, wo sie sich mit mittleren Ausprägungsgraden die Balance halten, einander zu begrenzen scheinen, gehen sie ausgerechnet in demjenigen Augenblick, in dem sie beide hohe Stärkegrade erreichen, eine intensive gegenseitige Beziehung und Verschränkung ein, die ein synthetisches Profil enthüllt.

Es muß mit aller Unmißverständlichkeit zugegeben werden, daß wir gegenwärtig die Kausalität dieses überraschenden Vorgangs noch keineswegs voll verstehen. Es wäre aber falsch, aufgrund des darin zum Ausdruck kommenden Theoriedefizits — das möglicherweise nur auf die heute leider üblichen gegenseitigen Abschottungen zwischen den Sozialwissenschaften und der Psychologie zurückzuführen ist — die überwältigende *Evidenz der Fakten* unbeachtet lassen zu wollen. Es gilt vielmehr, das Goldkorn des Empirikers, das uns mit der Entdeckung der Wertesynthese gewissermaßen in den Schoß gefallen ist, in seiner unverkürzten Bedeutung in den Blick zu nehmen. Diese Entdeckung eröffnet uns, um es nochmals mit allem Nachdruck zu sagen, den direkten Blick auf denjenigen Entwicklungspfad, welcher der gegenwärtigen gesellschaftlichen Konstellation als ein *Evolutionsoptimum* (B. Fritsch) eingezeichnet ist.

Umfeldbedingungen und Entfaltungsvoraussetzungen der Wertesynthese

Die Sichtung eines Evolutionsoptimums bedeutet nun allerdings noch keinesfalls, die Hände in den Schoß zu legen und auf eine selbsttätige Lösung der mit dem Wertwandlungsschub ins Leben getretenen Probleme hoffen zu können. Der Grund hierfür ist darin zu suchen, daß aufgrund des gegenwärtigen Kenntnisstandes nicht damit gerechnet werden kann, daß sich die Wertesynthese im Prozeß der gesellschaftlichen Weiterentwicklung gewissermaßen automatisch durchsetzt.

Fragt man sich, in welchem Maße der Wertwandlungsschub das vorher in der Bevölkerung vorhandene Mengenverhältnis zwischen den vier Wertetypen verändert hat, so scheitert man zunächst einmal an dem an dieser Stelle schmerzhaft erkennbar werdenden Datenmangel. Es läßt sich nur aufgrund mehr oder weniger umweghafter indirekter Einschätzungen die These wagen, daß dieser Wertwandlungsvorgang die Gruppe der aktiven Realisten, die natürlich auch vorher in einem gewissen Umfang vorhanden war, weniger deutlich begünstigt hat als die Gruppen der nichtkonformen Idealisten und der perspektivenlosen Resignierten.

Glücklicherweise gibt es nun allerdings aufgrund der im Befragungswege erhobenen soziodemographischen Daten eine Möglichkeit, die Gruppe der aktiven Realisten näher zu charakterisieren und hieraus Schlüsse abzuleiten.

So läßt sich auf diese Weise feststellen, daß die Menschen, die zu dieser Gruppe gehören, im Vergleich zu den nichtkonformen Idealisten und den perspektivenlosen Resignierten durchschnittlich gesehen

— etwas häufiger männlichen Geschlechts sind;
— häufiger verheiratet sind;
— häufiger Kinder haben;
— häufiger voll berufstätig sind;
— häufiger mittleren Altersgruppen angehören;
— häufiger Selbständige, Angehörige freier Berufe oder Landwirte sind;
— häufiger Führungspositionen innehaben;
— häufiger in Klein- und Mittelstädten mit bis zu 20 000 Einwohnern aufwachsen und leben;
— häufiger die Realschule durchlaufen, also weniger häufig ein Abitur erwerben und die Hochschule besuchen.

Setzt man diesen *soziodemographischen Steckbrief* in eine Kennzeichnung derjenigen *Umfeldbedingungen* um, welche in besonderem Maße dazu geeignet waren, die Wertesynthese zu fördern, dann gelangt man zunächst einmal zu einem eher pessimistisch stimmenden Ergebnis: Da die Sozialgruppen der Selbständigen, der Angehörigen freier Berufe und der Landwirte seit längerer Zeit im Schrumpfen sind, da der in Klein- und Mittelstädten aufwachsende und lebende Bevölkerungsteil eher zurückgeht und da weiterhin die Zahl der jungen Menschen ohne Abitur und anschließenden Hochschulbesuch im Abnehmen ist, sprechen die sozio-ökonomischen Umfeldbedingungen im ganzen eher dafür, daß die Wertesynthese günstige Entfaltungsvoraussetzungen insbesondere in einem eher traditionellen, vom Modernisierungsprozeß weniger betroffenen gesellschaftlichen Bereich finden konnte.

Der nostalgisch gefärbte Ton, den die Diagnose somit zunächst annimmt, tritt allerdings sofort zurück, sobald man sich die direkte Frage nach der Beschaffenheit der im eher traditionalen Milieu wirksamen *Entfaltungsvoraussetzungen* der Wertesynthese vorlegt. Man gelangt dann nämlich zu der Einsicht, daß diese Bedingungen keinesfalls notwendigerweise an jenes Milieu gebunden sind, sondern grundsätzlich auch im modernen Milieu reproduzierbar sind, falls dort nur bestimmte *Gestaltungsgrundsätze* eingehalten werden.

Diejenige Bedeutungsdimension, die hierbei offenbar von vorrangiger Wichtigkeit ist, kann man gerade aus dem zunächst besonders sperrig erscheinenden Merkmal der Klein- und Mittelstadtgebürtigkeit und -bindung der aktiven Realisten erschließen.

Wie Gemeindestudien von H. Dunckelmann (1975) zeigten, lassen sich in kleinen Städten Vorsprünge „lokaler Öffentlichkeit" gegenüber dem flachen Land wie auch gegenüber größeren Städten auffinden, die für die Persönlichkeitsentwicklung von beträchtlicher Bedeutung sind. Hierbei fällt besonders ins Gewicht, daß sich in kleinen Städten ein höherer Prozentsatz von „Gruppen- und Vereinsbeteiligten" findet als anderswo. Auch die durchschnittliche Anzahl der „Vereinsbeteiligungen" (einschließlich Parteien und Gewerkschaften), die auf die Einzelperson entfallen, ist hier am höchsten. Hier kulminiert ein Typus *sozialer Integration,* der über Mitgliedschaften in kleineren Vereinigungen verläuft, in denen sich die Wahrnehmung formalisierter Rollenpflichten mit einer aus der örtlichen Lebensverflochtenheit resultierenden Berücksichtigung der individuellen Einzelperson überlagert. Der einzelne, der in kleinstädtischen Vereinen tätig ist, wird als eine in ihren Stärken und Schwächen wohlbekannte und auch im Hinblick auf ihre Entwicklung und wachsende Reife differenziert eingeschätzte Persönlichkeit in die Pflicht genommen.

Er (oder sie) hat andererseits selbst die Chance, das Zusammenhangsgeflecht der örtlichen Lebenswelt gut zu durchschauen und die Wirkungen des eigenen Handelns zu beobachten, zu bewerten und im voraus abzuschätzen. Typischerweise gibt es kaum irgendwelche nur auf dem Papier stehenden Mitgliedschaften, wie dies anderswo üblich ist. Eine nach Maßgabe persönlicher Eigenschaften und Fähigkeiten abgestufte und ausdifferenzierte Mitwirkung und alltagspraktische Mitverantwortung ist — sofern man überhaupt in einem solchen Sinne integriert ist — selbstverständlich. So wird man einerseits abgeschliffen, andererseits aber auch aus dem sozialen Zusammenhang heraus und in unmittelbarer Verbindung mit ihm als eine Einzelperson ausgeformt, die gerade dann in einem hohen Maße mit Resonanz und Bestätigung aus ihrer Umgebung rechnen kann, wenn sie sich mit ihren spezifischen Fähigkeiten „einbringt".

Die erfolgreiche *Wahrnehmung sozialer Rollen* unter ungebrochenem Einsatz der eigenen Persönlichkeit, die hier ermöglicht wird, findet sich naturgemäß mit einer deutlichen Steigerung überall dort, wo Leitungs- oder Führungsrollen wahrgenommen werden oder wo in Verbindung hiermit eigene Geschäfte bewältigt werden. Es treten Herausforderungen zur Verantwortung auf, welche die Verbindung einer aktiven Ziel- und Ergebnisorientierung des Handelns mit der Fähigkeit zu einer umsichtigen Berücksichtigung aller in Betracht zu ziehenden Umstände wie auch mit der Bereitschaft und Fähigkeit zur angemessenen Verarbeitung und Verwertung von Erfolgsrückmeldungen erfordert. Zwar ist in Verantwortungsrollen solcher Art Selbstdisziplinierung eine wesentliche Erfolgsbedingung. Die starke Persönlichkeit, die ihre Tätigkeit mit dem Einsatz ganz persönlich gelagerter Initiative- und Kreativitätspotentiale verbindet, wird jedoch nicht nur zufällig in den einschlägigen Stellenanzeigen, Jubiläumsreden und Nachrufen in den Vordergrund gestellt. Mit anderen Worten disponieren solche Rollen, für die man abkürzend den Ausdruck „Verantwortungsrollen" beibehalten kann, in einem erheblichen Maße für die Wertesynthese.

Zwar muß man davon ausgehen, daß solche Rollen in der Vergangenheit auch auf der Grundlage vorherrschender Pflicht- und Akzeptanzwerte ausgeübt werden konnten. Der „traditionsverhaftete" Handwerkermeister und Vereinsvorsitzende und der „pflichtbewußte" Abteilungsleiter sind den Älteren als Erinnerungsbestände noch allgegenwärtig.

Unternehmerisches Denken und Handeln wurde den Bauern, den Selbständigen und vor allem auch den Führungskräften aber schon seit geraumer Zeit unterstellt. Der Wertwandlungsschub traf in einer Vielzahl von Fällen einen vorbereiteten Boden, so daß zusätzliche Selbstentfaltungswerte in die Ausübung von Verantwortungsrollen einfließen konnten, ohne daß es zu Reibungen, Blockierungen oder schwerwiegenden Rollenkonflikten kam. Umgekehrt konnten in zahlreichen Fällen jüngere Menschen mit stark ausgeprägten Selbstentfaltungswerten in solche Rollen einmünden, weil man sich von ihnen frischen Wind erwartete. Man kann davon ausgehen, daß die in alle Verantwortungsrollen eingebetteten *Herausforderungen* zu einer gut und zuverlässig funktionierenden Handlungsrationalität, in der Mehrzahl solcher Fälle zu einer nachfolgenden *Aktivierung von Pflicht- und Akzeptanzpotentialen* führte, so daß Entwicklungen in Richtung der Wertesynthese begünstigt wurden.

Man kann die These aufstellen, daß Verantwortungsrollen unter den heutigen Bedingungen eines inzwischen etablierten Wertwandels in der Regel als *Katalysatoren* wirken, die die Entstehung der Wertesynthese im individuellen Lebensablauf überall dort befördern, wo sie zunächst noch nicht eingetreten war, oder die die Wertesynthese stabilisieren, wo immer sie zunächst nur in einer vagen und zerfallsfähigen Form vorhanden war.

Hemmnisse und Chancen konsequenter Modernität

Der soziodemographische Steckbrief, den wir der Untersuchung der aktiven Realisten abgewinnen konnten, läßt noch eine ganze Reihe weiterer wichtiger Hinweise auf diejenigen Bedingungen erkennen, die die Entstehung der Wertesynthese fördern. So deutet ihr häufigeres Auftreten bei Menschen mit Familie auf die *wertdynamische Bedeutung* sogenannter „kritischer Lebensereignisse" (insbesondere Heirat, Geburt des ersten und des zweiten Kindes) hin. Selbst der bloße Berufseintritt wirkt, wie dieser Steckbrief erkennen läßt, in einem gewissen Maße synthesebegünstigend — es sei denn, daß er zu einem typischen Problem des nichtkonformen Idealisten, zum Praxisschock führt und zu einem enttäuschungs- und frustrationsbedingten Wertverlust Anlaß gibt, der unter Umständen die nachfolgende Verwandlung des Idealisten in einen perspektivenlosen Resignierten begünstigt.

Wichtig ist auch der Hinweis auf die Bedeutung einer realitätsbezogenen Schulbildung (vgl. hierzu das häufigere Auftreten von Realschülern), die das wissenschaftsbezogene Lernen mit der Perspektive seiner späteren beruflichen Anwendung verknüpft. Es zeigt sich hier die wertdynamische Problematik derjenigen Entkoppelung der schulischen Bildung und der Berufs- und Lebenspraxis, die insbesondere auch durch die zunehmende Verfachwissenschaftlichung des Lehrerberufs begünstigt worden ist.

An dieser Stelle soll und kann diesen höchst aussagekräftigen Hinweisen aber nicht in weitere Einzelheiten hinein gefolgt werden. Vielmehr soll nunmehr die auffällige Tatsache in den Mittelpunkt gerückt werden, daß wir alle diejenigen Umfeldbedingungen der Wertesynthese, mit denen wir uns beschäftigt haben, mit verhältnismäßig allgemeinen Begriffen beschreiben konnten, in denen ihre aus den Daten ablesbare Verhaftung in einem eher traditionalen Milieu gar nicht mehr zur Geltung kam. Verantwortungsrollen, die, wie wir gesehen haben, von besonderer Bedeutung sind, gibt es natürlich auch im modernen Milieu. Und wenn wir die Erziehungssysteme verschiedener Industrieländer vergleichen, dann können wir feststellen, daß es natürlich überhaupt keinen wirklich zwingenden Grund gibt, im Zuge der Modernisierung die schulische Bildung von der Berufspraxis zu entkoppeln. Auf derjenigen Analyseebene, die wir gewählt haben, verlieren die Vorsprünge, die das traditionale Milieu hinsichtlich der Bedingungen für die Wertesynthese faktisch für sich geltend machen kann, also ihre Plausibilität, und man wird, wenn man dies erst einmal eingesehen hat, ganz unvermeidlich zu der Frage hingeführt, wieso es denn überhaupt zu diesen faktischen Vorsprüngen kommen konnte.

In der Tat folgt man einer falschen Fährte, wenn man die Ursachen für die erkennbar gewordenen Unterschiede in Wesenseigenschaften des traditionalen oder des modernen Milieus sucht. Die Bedingungen für die Wertesynthese sind vielmehr, wie schon einmal gesagt wurde, keinesfalls an das traditionale Milieu gebunden, sondern grundsätzlich auch im modernen Milieu reproduzierbar. Es sei dieser Feststellung nunmehr allerdings die These hinzugefügt, daß das relative Zurückbleiben der Wertesynthese hinter dem mit dem einseitigen Vorpreschen der Selbstentfaltungswerte verbundenen Wertumsturz und hinter der Ausbreitung der perspektivenlosen Resignierten in erster Linie darauf zurückzuführen ist, daß das moderne Arbeits- und Lebensmilieu an wertdynamisch gesehen bedeutsamen Punkten hinter seinen eigentlichen Möglichkeiten hinterherhinkt, daß es, genauer gesagt, den Anforderungen und Chancen konsequenter Modernität bisher nicht ausreichend gerecht wird. Man kann diese These zu der schlagwortartigen Formel verdichten, daß die Benachteiligung der Wertesynthese mit *evolutionswidrigen Selbstverfehlungen der Modernität* zu tun hat, die einer konsequenten Modernisierungspolitik entscheidende Ansatzpunkte liefern müssen.

● Mißtrauen gegen den Menschen

Eine erste dieser Selbstverfehlungen bekommt man in den Blick, wenn man sich ein ausgeprägtes Mißtrauen gegen den Menschen vergegenwärtigt, das gegenwärtig im staatlichen wie auch im außerstaatlichen Bereich verbreitet ist. Grundsätzlich ist dieses Mißtrauen janusköpfig, d. h. nach zwei entgegengesetzten Seiten hin ausgeformt: *Einerseits* fürchtet man vielfach den gewaltsamen Angriff der Chaoten, deren Existenz man manchmal auf eine unzulässig verkürzte Weise mit dem Wertwandel in Verbindung bringt, der die Grundlagen der Autorität, wie man meint, erschüttert habe und der einen Teil der Menschen unvernünftigerweise zum Widerstand gegen die Grunderfordernisse der gesellschaftlichen Ordnung verführe. *Andererseits* geht man vielfach davon aus, die Mehrheit der Menschen brauche nach wie vor die harte und klare ordnende und lenkende Hand und wolle sie letztlich auch. Die Chaoten werden als Beleg dafür angeführt, wohin man kommt, wenn man sentimental wird und „modischen Ideologien" nachgibt. Mit dieser Einstellung verbindet sich ein bedingungsloses Bekenntnis zu den herkömmlichen Pflicht- und Akzeptanzwerten, das von reflektierteren Geistern als ein konservatives Credo mißverstanden wird. Angesichts des Denkens in scharfen Antithesen werden die Chancen der Wertesynthese schlicht übersehen und gewöhnlich — im Sinne einer Wahrnehmungslücke — gar nicht zur Kenntnis genommen. Wo man sich im Einzelfall einmal auf sie einläßt, werden sie eher als Verführungen zum „faulen Kompromiß" abgewehrt und disqualifiziert.

Innerhalb von Organisationen führt diese Orientierung dazu, daß man — unterhalb der Ebene offizieller Bekenntnisse zur „Delegation von Verantwortung" und zum „kooperativen Führungsstil", die sich in der letzten Phase des Wertwandlungsschubs massenhaft eingestellt hatten — vielfach ganz im stillen zum guten Gewissen bei der Ausübung eines autoritativen Führungsstils „direktiver" Art zurückgekehrt ist. Im Kreise der Führungskräfte wirft man sich oftmals Blicke gegenseitigen Einverständnisses zu, wenn Meinungen geäußert werden, denen zufolge die Menschen im allgemeinen autoritätsabhängig und initiativescheu seien (wobei man aber nicht erkennt, daß die zahlreichen scheinbaren Bestätigungen dieses Menschenbildes, die man im alltäglichen Umgang mit Mitarbeitern erhalten kann, zum guten Teil auf „self-fulfilling prophecy"-Effekte zurückzuführen sind). Dementsprechend werden Möglichkeiten der Ausweitung individueller Verantwortungsräume durch „job enlargement"- und „job enrichment"-Programme selten genutzt; Konzepte einer „Personalentwicklung", welche die individuellen Entwicklungs- und Wachstumschancen und -bedürfnisse einbezieht, werden eher mit Argwohn betrachtet. Wo man sich überhaupt auf den Gedanken einläßt, Menschen unter Rückgriff auf ihre eigenen Antriebe motivieren zu sollen, da verläßt man sich am liebsten immer noch auf die „bewährten" Rezepte einer Motivierung durch Geld- und Prestigeangebote. Konzepte einer Motivierung durch „nicht-finanzielle Leistungsanreize" bleiben immer noch außen vor.

Daß angesichts dessen *gewaltige Motivationsreserven ungenutzt* bleiben, will man bis heute vielfach noch nicht erkennen. In der Wirtschaft scheint allerdings eine rapide zunehmende internationale Konkurrenz, die mit einem politisch bedingten Zwang zur Offenhaltung der Ländergrenzen einhergeht, ein Umdenken zu erzwingen. Der „motivierte Mitarbeiter" wird gerade in führenden Unternehmen als Schlüssel zum Markterfolg entdeckt. Gewisse *Selbstdurchsetzungskräfte des Evolutionsoptimums* scheinen sich hier zu regen. Die Kräfte der gegenwärtig noch bestehenden Widerstände dürfen deswegen allerdings nicht als gering eingeschätzt werden. Sie haben bisher überall dort noch die Oberhand, wo der Marktdruck fehlt, d. h. also insbesondere auch in der öffentlichen Verwaltung.

Allerdings ist damit zu rechnen, daß sich in den kommenden Jahren auch hier ein Druck einstellen wird, da gerade die qualifizierten Nachwuchskräfte immer mehr in die prosperierende und ihren eigenen Tätigkeitsbedürfnissen viel stärker entgegenkommende Wirtschaft streben werden, so daß Anpassungen an den Industriestandard unvermeidlich werden, die sich aber dann gerade auch an dem Stil der progressivsten Teile der Industrie zu orientieren haben werden.

● Achtlosigkeit als Komplexitätsfolge

Man stößt auf eine *zweite* Selbstverfehlung der Modernisierung, wenn man sich die vielfältigen Formen einer

Achtlosigkeit gegenüber dem Menschen aufgrund von unbewältigter Komplexität vor Augen führt, die sich heute allenthalben auffinden lassen. Im staatlichen Bereich hat der „kooperative Föderalismus", den wir in der Bundesrepublik in einer ausgeprägten Art haben, zu einer enormen Ausweitung von Koordinationserfordernissen geführt, die die Arbeitskraft aller Beteiligten bis an den Rand des Möglichen — oder auch darüber hinaus — strapazieren. Diesen Quasi-Sachzwängen scheinen Ausweitungstendenzen innezuwohnen, die mit der immer weiteren Entwicklung pluralistischer Abstimmungs- und Verhandlungsstrategien zusammenhängen, die in einem wachsenden Maße auch den außerstaatlichen Bereich einbeziehen, soweit er sich in einer organisierten Verfassung befindet. Unter solchen Bedingungen einer immer weiter fortschreitenden Absorption der verfügbaren Energien durch den politischen Prozeß scheinen die Zeichen für eine wertdynamisch aufgeklärte Reflexion des Verhältnisses zwischen dem Staat und den Bürgern im gegenwärtigen Augenblick nicht allzu günstig zu stehen. Eher neigt man insbesondere in den politischen Parteien dazu, diesen gesamten Fragenkomplex um der eigenen Entlastung willen zu einem Sondergegenstand zu erklären, den man dann den Wahlkampfstrategen als einen speziellen Aufgabenbereich zuschieben kann.

Was man bisher nicht ausreichend erkennt, ist die Tatsache, daß die opportunistischen Strategien der Wählerstimmenmaximierung, die dabei in den Vordergrund treten, ihrerseits eine Komplexität gewaltigen Umfangs erzeugen, weil sie letztlich von der ernsthaften politischen Programmentwicklung nicht mit der eigentlich angezielten Perfektion abzutrennen sind, so daß in die Politik immer dann, wenn der Wind umschlägt, Anpassungszwänge hineinwirken, die sich kontinuitätsgefährdend auswirken. Es kommt hinzu, daß der mißtrauischer gewordene Bürger von heute mit Hilfe spürfreudiger Massenmedien den politischen „Schwindel" wittert und mit wachsendem Vertrauensentzug beantwortet. Auch hier lassen sich also Selbstdurchsetzungskräfte erahnen, die früher oder später Umsteuerungen des politischen Prozesses und der politischen Kultur erzwingen werden.

Es soll an dieser Stelle nicht unerwähnt bleiben, daß Achtlosigkeiten gegenüber dem Menschen aufgrund von unbewältigter Komplexität auch in der Arbeitswelt eine Rolle spielen, wo sich ihre Wirkungen mit den Effekten des Mißtrauens gegen den Menschen überlagern können. Auch in Unternehmen und Verwaltungen ließen sich in der Vergangenheit Bestrebungen erkennen, das, was man als eine Aufgabe der sozio-emotionalen Stabilisierung des Personals betrachtete, besonderen Spezialisten fürs Menschliche zuzuschieben und damit aus dem Bereich der eigentlichen Sachentscheidungen herauszuhalten. Es konnte sich somit eine Betriebswirtschaftslehre ohne Menschen ausbilden, die sich strikt auf diese Sachentscheidungen beschränkte und die bis auf die Ebene der Aufgabenanalyse und der Gestaltung der einzelnen Arbeitsvollzüge hinab ausschließlich Sachgesichtspunkte sozio-emotional neutraler Art zur Geltung bringen zu können glaubte.

Unabhängig hiervon konnte bei gegenwärtig noch laufenden empirischen Untersuchungen in der öffentlichen Verwaltung von G. Hippler, G. Franz und W. Haas (1988) festgestellt werden, daß viele Vorgesetzte einen quasi-autoritären Führungsstil praktizieren, bei dessen Handhabung sie Meinungen ignorieren, wenn sie nicht mit den ihren übereinstimmen, neue Ideen nur zögernd anerkennen, Leistungen ihrer Untergebenen als eigene darstellen, im übrigen aber weder um die Aufgabenerledigung und -durchführung noch um die persönlichen Belange der Mitarbeiter bekümmert sind. Die eigentliche

Pointe ist die, daß gerade diese Vorgesetzten besonders gute Aufstiegschancen besitzen, was man eigentlich nur dann verstehen kann, wenn man davon ausgeht, daß die Verwaltungsspitzen, die die Beförderungsentscheidungen treffen, der Frage der Menschenbehandlung und -führung angesichts drängenderer Sachfragen nur geringe Bedeutung beimessen.

● „Entkoppelung" der Bildung

Eine *dritte* und letzte Selbstverfehlung der Modernisierung, die wir in diesem Rahmen noch ansprechen müssen, ist gänzlich andersartig gelagert und gewissermaßen entgegengesetzt. Wir finden sie im Bereich des schulischen Bildungssystems, das sich in den zurückliegenden Jahrzehnten in immer größerem Maße in eine autonome Position hineingekämpft und von ehemaligen „Zubringerdiensten" für das Berufsleben „befreit" hat.

Wir können an dieser Stelle auf den „Steckbrief" der aktiven Realisten und die an ihn anknüpfende Suche nach den Umfeldbedingungen für die Entstehung der Wertesynthese zurückkommen. Wie schon gesagt wurde, weist die Häufung von Realschülern unter den aktiven Realisten auf die Bedeutung einer Verknüpfung von wissenschaftsbezogener Bildung und Berufsperspektive für die persönliche Wertentwicklung und auf die wertdynamisch abträglichen Folgen einer Entkoppelung beider Aspekte hin.

Die Tendenz des schulischen Bildungssystems zur vorrangigen Orientierung am Leitbild einer anwendungsfrei konzipierten Verwissenschaftlichung verlief genau in der falschen Richtung: Sie brachte nicht den vielen wünschenswert erscheinenden Durchbruch zur praktischen Lebenswirklichkeit, sondern vielmehr die gänzliche Aufsprengung des Konkreten und die Hinwendung zum Abstraktum eines sich der schulischen Erfassung und

Verarbeitung angesichts der Schnelligkeit des wissenschaftlichen Fortschritts ohnehin immer wieder entziehenden Globus Intellectualis.

Diese Aufsprengung, die vor allem den naturwissenschaftlichen Bereich betraf, wurde ergänzt durch die berühmt-berüchtigt gewordenen Rahmenrichtlinien für den geisteswissenschaftlichen Bereich, in denen Unterrichtsziele wie Kritikfähigkeit und Konfliktfähigkeit an die Spitze gestellt wurden.

Dies bedeutete natürlich nichts anderes als die direkte programmatische Verankerung und Institutionalisierung des in Richtung der Selbstentfaltungswerte führenden Wertumsturzes im schulischen Unterricht. Sieht man genauer hin, dann findet man — sowohl in Richtlinien wie in neuen Schulbüchern — das passende Pendant, nämlich die Neigung zu einer radikalen Abwertung der Pflicht- und Akzeptanzwerte, die als Relikte autoritärer Herrschaftsstrukturen verworfen wurden.

Die Schule marschierte also, grob gesagt, strikt an der Wertesynthese vorbei in ein *wertedynamisches Utopia* hinein, und sie trug damit dazu bei, die mit dem Wertwandlungsschub ohnehin verbundenen Probleme noch zu steigern. Emphatisch ausgedrückt wurden Generationen junger Menschen in Richtung der „neuen" Werte ideologisch aufgeheizt und in einen Grabenkampf mit der Gesellschaft gehetzt, aus welchem viele mit unheilbaren Persönlichkeitsverletzungen zurückkehrten.

Diese eindeutige Beurteilung darf nun allerdings nicht als ein Votum zugunsten der seit der zweiten Hälfte der 70er Jahre auftauchenden Gegenströmungen verstanden werden, die wiederum exklusiv die „alten und bewährten" Werte auf den Schild hoben. Man mag — aus der Perspektive einer auf die Wertesynthese setzenden wertdynamischen Betrachtung — diesen Gegenströmungen allenfalls die dialektische Bedeutung zuschreiben, eine Antithese

aufgebaut zu haben und somit den Boden für eine nachfolgende synthetische Entwicklung vorbereitet zu haben.
Auch hier bietet sich der Suche nach möglichen Selbst-
durchsetzungskräften der Evolution ein Silberstreif am
Horizont an: Einflußreiche Pädagogen wie W. Brezinka
und B. Claußen (1984) haben inzwischen die Wertwand-
lungsdiskussion rezipiert und in ihrer Bedeutung für die
Erziehung in der Schule erkannt. Hier wird die Wertesynthese als ein „Möglichkeitsmodell von Wirklichkeit"
herausgestellt und die Option für sie als ein unvermeid-
bares Erfordernis der „produktiven Vermittlung von
Realitäts- und Lustprinzip" gefordert.
Dem ist an dieser Stelle kaum etwas hinzuzufügen.

Ausblicke auf eine künftige Wertepolitik

Die Bedeutung von Verantwortungsrollen

Von den bisherigen Teilen dieses Buches führen viele Verbindungswege zu der Antwort auf die Frage, welche praktischen Folgerungen eigentlich daraus zu ziehen seien. Um der Eindeutigkeit willen seien an dieser Stelle einige Grundsätze angesprochen und skizzenhaft umrissen.

An *erster* Stelle muß die Feststellung wiederholt werden, daß eine *Wertepolitik* (oder besser: eine wertdynamisch reflektierte Politik) möglich und wünschenswert ist. Eine solche Politik leitet ihre Rechtfertigung einerseits aus der Tatsache ab, daß ein Evolutionsoptimum erkennbar ist; sie begründet sich andererseits aber gleichzeitig auch aus der anderen Tatsache, daß mit einem automatischen Eintreten dieses Optimums nicht gerechnet werden kann, so daß ein *bewußtes systemgestaltendes Handeln,* das sich auf der Linie der Evolution bewegt, für Mensch und Gesellschaft grundsätzlich von Nutzen ist.

Für die Kennzeichnung der Zielsetzung eines solchen Handelns bietet sich zunächst — ganz allgemein gesehen — diejenige „anthropozentrische", d. h. dem Menschen verpflichtete Auffassung an, in welcher führende Staatsrechtslehrer wie R. Herzog und H. H. v. Arnim (1984) das Sinn- und Wertzentrum des Grundgesetzes der Bundesrepublik erblicken.

Daß die *Förderung der Wertesynthese* für eine solche Auffassung einen wesentlichen Ansatzpunkt bietet, ist aber nach allem, was gesagt worden ist, wohl unzweifelhaft.

Für die Förderung der Wertesynthese selbst scheint sich wiederum an erster Stelle der Grundsatz einer *Gewährleistung von Verantwortungsrollen,* wo immer dies möglich ist, nahezulegen. Verantwortungsrollen disponieren zur Ausbildung der Wertesynthese. Sie bieten nicht nur bereits vorhandenen synthetischen Wertmustern, die die Menschen mitbringen, optimale Verwirklichungschancen. Sie tragen vielmehr auch dazu bei, daß ungleichgewichtige oder von Verlusten geprägte Wertekonstellationen in Richtung der Wertesynthese weiterentwickelt werden. Man kann somit die These aufstellen, daß die Zukunftschancen der Wertesynthese in einem hohen Maße von dem in einer Gesellschaft erschließbaren Potential an Verantwortungsrollen abhängen.

Man erkennt nun Verantwortungsrollen daran, daß einerseits bei ihrer Ausübung autozentrische Bedürfnisse ohne Frustration zur Geltung gebracht werden können, daß in ihnen andererseits aber auch den Erfordernissen der gesellschaftlichen Institutions- und Organisationenwelt Rechnung getragen werden kann, so daß die Gefahr eines Zerfalls des Gemeinwesens in einen Haufen von mehr oder weniger isolierten Mikroorganismen abgewendet werden kann. Die Menschen vermögen sich selbst in solche Rollen einzubringen, und sie haben bei deren Ausübung Erlebnisse von Handlungsspielraum, Sinn und Neigungsentfaltung; sie sind gleichzeitig aber auch dazu motiviert, den an sie gerichteten Anforderungen an Exaktheit, Berechenbarkeit und Leistung nachzukommen, d. h. sich als Mitglieder eines rational organisierten übergeordneten Funktionszusammenhangs zu bewähren.

Die Strategie, die in solchen Rollen zum Ausdruck gelangt, besteht erstens darin, das Handeln der Menschen nicht schematisch festzuschreiben, sondern ihnen einen *Gestaltungsspielraum* zu gönnen, der durch persönliche Entscheidungen ausgefüllt werden kann. Diese Strategie besteht zweitens darin, sie die Konsequenzen eigenen Handelns wahrnehmen zu lassen und ihnen somit die Möglichkeit von *Erfolgserlebnissen* und autonom entworfenen Handlungskorrekturen zu vermitteln. Diese Stra-

tegie besteht gleichzeitig drittens darin, sie das Bewußtsein haben zu lassen, *Mitverantwortung* für denjenigen
größeren Zusammenhang zu tragen, in dem sie stehen.
Viertens spielt in unmittelbarer Verbindung damit aber
auch die Gewährung der Chance eine unabdingbare
Rolle, sich mit diesem größeren Zusammenhang *identifizieren* zu können. Es bedeutet dies wiederum einerseits,
mit den Zielen und Außenwirkungen dieses Zusammen-
hangs (z. B. also einer Firma, einer Behörde, eines Ver-
eins, einer politischen Partei etc.) vertraut zu sein und sie
zu billigen; es bedeutet dies andererseits aber gleichzeitig
auch, das Bewußtsein haben zu können, zu diesem größeren Zusammenhang einen Beitrag leisten zu können, der
angesehen ist und dem eine Bedeutung zuerkannt wird.
Fünftens werden die Menschen überall dort, wo Verantwortungsrollen gut gestaltet sind, auch damit rechnen
können, daß Leistungen im Dienste des größeren Zusam-
menhangs *angemessen belohnt* werden, was u. a. auch einschließt, die Chance zum persönlichen Weiterkommen
zu haben. Und sechstens wird man endlich finden können, daß sich die Menschen in solchen *Rollengehäusen ge-
borgen* fühlen, d. h. das Bewußtsein einer sozialen Absicherung in Notfällen wie auch ein Vertrauen auf Verständnis im Falle persönlicher Probleme entwickeln.
Zu den *Instrumenten* einer solchen Strategie werden notwendigerweise bestimmte Management- und Führungs-
Grundsätze und -Praktiken gehören, wie sie in einigen
progressiven Unternehmen bereits mit Erfolg erprobt
werden. Diese Management- und Führungsinstrumente
haben aber keinesfalls nur für die Industrie, sondern
selbstverständlich auch für alle anderen großorganisatorischen Gebilde unserer Lebenswelt entscheidende Bedeutung, also auch für Kirchen, für politische Parteien, für
Verwaltungen, für Sportvereine, für Wohlfahrtsver-
bände und auch für Gewerkschaften.

Max Weber muß an dieser Stelle somit korrigiert werden. Es ist unter den heutigen Bedingungen nicht mehr die „Unpersönlichkeit" als durchgängiges Stilelement, die die Welt der Organisationen garantiert, sondern vielmehr die *Kunst der sozialen Integration des Persönlichen* (oder vielmehr des Autozentrischen).

Aber diese Kunst beherrschen unsere großen Gebilde bisher noch kaum, sie sind weithin noch in institutionentechnischen und organisatorischen Gewohnheiten befangen, die sich unter den Bedingungen einer ehemaligen Vorherrschaft der Pflicht- und Akzeptanzwerte wie auch älterer Formen der sozialen Schichtung herauskristallisiert haben. An diese Gewohnheiten konnten sich im Laufe der Zeit vielfältige sekundäre Rationalisierungen anlagern, so z. B. „rein zweckrationale", vom Menschen abstrahierende Organisationsprinzipien, zusätzlich aber auch mehr oder weniger rigorose und bisher noch gänzlich unbefangen gehandhabte Praktiken der Statusmaximierung in den höheren Rängen, die sich aber im Sinne eines Nullsummenspiels zuungunsten der Inhaber „niedrigerer" angesiedelter Rollen auswirken.

Eine solche Feststellung bedeutet nicht eine Infragestellung des Prinzips der Hierarchie zugunsten irgendeiner Art Gleichmacherei. Es muß aber mit aller Entschiedenheit darum gehen, Entartungen dieses Prinzips in Richtung einer gemeinschaftsschädlichen Sozialchancenmonopolisierung sichtbar und korrigierbar werden zu lassen.

Einer Umverteilung von Besitzständen, wie sie manchen Sozialromantikern vorschweben mag, kann hierbei nicht das Wort geredet werden, denn in Verantwortungsrollen, die zur Wertesynthese disponieren, müssen verantwortungsungeübte Menschen mit großer Behutsamkeit hineingeführt werden. Die Einführung von Verantwortungsrollen muß somit grundsätzlich im Geiste einer längerfristigen Personalentwicklung gehandhabt werden, wenn sie erfolgreich sein will.

Interdependenz der Ordnungen als Politikziel

Die Aufgabe einer Schaffung von Verantwortungsrollen wäre unvollständig begriffen, wenn man nur die Devise ausgäbe, sie sei in allen vorhandenen großorganisatorischen Gebilden so schnell und so weitgehend wie nur irgend möglich anzustreben. Diese Aufgabe hat vielmehr eine über das einzelne Sozialgebilde hinausreichende *ordnungspolitische Dimension,* die sich daraus ergibt, daß die Menschen im Verlaufe ihres Lebens verschiedene, wertdynamisch zuordnungsbedürftige Sozialgebilde durchlaufen und daß sie sich in Lebenslagen unterschiedlicher Art befinden, die wertdynamisch aufeinander abgestimmt werden müssen.

Der erste Gesichtspunkt läßt sich am einfachsten am Beispiel des Bildungssystems erklären, das die Wertentwicklung der jungen Menschen nachweislich stark beeinflußt und das sie mit Wertverwirklichungsbedürfnissen ins Leben entläßt, die von den aufnehmenden Teilen der Institutionen- und Organisationenwelt verarbeitet werden müssen.

Die erfolgreiche Autonomisierung des schulischen Bildungswesens führte wertdynamisch zu großen Problemen, indem sie der Entstehung und Ausbreitung einer rein an Selbstentfaltungswerten orientierten Jugendlichkeit Vorschub leistete, der die übrige Gesellschaft nicht gewachsen sein konnte. Ein Prinzip der „Interdependenz der Ordnungen", das von der „Arbeitsgemeinschaft Soziale Ordnungspolitik" (ASOP) aufgestellt wurde, erweist bereits hier seine grundlegende Bedeutung. Ähnliches gilt aber auch für den Übergang der Menschen aus der Rolle des Berufstätigen in die berufslose Altersrolle.

Es hat sich in den wenigen hierüber bisher vorliegenden Untersuchungen eindeutig herausgestellt, daß die Menschen heute vor dem Austritt aus dem Berufsleben allzuwenig auf die nachfolgende Lebensphase vorbereitet werden, so daß sie die sozialpolitische „Wohltat" ihrer Freisetzung von der Arbeit sehr häufig als einen identitätsgefährdenden Verlust von Lebenssinn erleben. Die nähere Untersuchung zeigt, daß es in der Tat in unserer heutigen Gesellschaft ein völlig *unentwickeltes Rollenangebot für Ältere* — und insbesondere auch für die sogenannten „Jungen Alten" — gibt, das auch durch die Entfaltung der „Freizeitgesellschaft", in welcher Rollenangebote für jüngere Menschen dominieren, nicht ausgeglichen wird. Ordnungspolitisch reflektierte Bemühungen um die Schließung dieser Rollenlücke erscheinen dringend erforderlich.

Daß auch *Lebenslagen* Anlässe zu Überlegungen hinsichtlich einer verbesserten Interdependenz der Ordnungen geben, läßt sich am Beispiel der nichtberufstätigen Ehefrauen demonstrieren. Offenbar wird die „Nurhausfrauen"-Rolle unter den gegenwärtigen Bedingungen den autozentrischen Bedürfnissen einer zunehmenden Zahl von Frauen nicht mehr gerecht. Das *Wertverwirklichungsgefälle* zuungunsten dieser Rolle erscheint vielen Frauen so überwältigend, daß sie die Berufstätigkeit ungeachtet der zahlreichen Wertverwirklichungseinschränkungen, die sich auch mit ihr verbinden, als ungleich attraktiver empfinden.

Die Lösung des hier sichtbar werdenden Problems ist aus wertdynamischer Perspektive nicht in Quotenregelungen zu suchen, die möglichst allen Frauen gewissermaßen über Nacht den Weg in die Berufstätigkeit öffnen sollen, sondern vielmehr in einer Rollenbalancierung, die die Attraktivität der Ehe-, Hausfrauen- und Mutterrolle dermaßen wiederbelebt, daß sie im Prinzip von allen Frauen ohne Frustration und Identitätsverzicht gewählt werden kann. Unter den gegenwärtigen Bedingungen scheint dies die vermehrte Schaffung von Teilzeitarbeitsplätzen wie auch die sozialpolitische Gleichstellung der berufstätigen und der nichtberufstätigen Frauen und die Durchsetzung partnerschaftlicher Arbeitsteilungskonzepte in der Ehe vorauszusetzen.

Daß sich hierbei keine Formeln auffinden und verwirklichen lassen, die unterschiedslos für sämtliche Frauen in Frage kommen, ist unbestritten. So wird sichtbar, daß man *Optionen* sicherstellen muß, wenn man ordnungspolitisch tätig werden will. Es gilt dies ebenso für die berufstätigen Männer, denen ebenso wie den Frauen vielfältige Wahlmöglichkeiten beruflicher Art wie auch unterschiedliche Möglichkeiten zur Substitution von Arbeitszeit durch arbeitsfreie Zeit zur Verfügung stehen müssen, wenn nicht schwerwiegende Deckungsdefizite im Bereich von Wertverwirklichungsbedürfnissen die Folge sein sollen. Es gilt dies weiterhin für die jungen Menschen, denen Bildungssysteme mit möglichst zahlreichen Ein- und Ausgängen sowie Übergangsmöglichkeiten angeboten werden müssen. Und ebenso gilt dies auch für die älteren Menschen, die die Chance haben sollten, das Altersheim als allerletzte Station für den akuten Notfall anzusehen; vorher aber steht ihnen eine breite Palette von Möglichkeiten für eine aktiv-realistische Lebensgestaltung zur Verfügung.

Perspektiven symbolischer Politik

Man kann sich mit Fug und Recht auf den Standpunkt stellen, daß die Schaffung von Verantwortungsrollen in Verbindung mit der Gewährleistung von gleitenden Rollenübergängen und Optionschancen den allerwesentlichsten Ansatzpunkt einer Wertepolitik (oder auch, wie wir sagten, einer wertdynamisch reflektierten Politik) darstellt. Stellt man sich eine Gesellschaft vor, in der diesbezüglich ein ausreichender Wandel stattgefunden hat (in welcher also das gegenwärtig noch bestehende Rollendefizit ausreichend vermindert worden ist), dann wird man zu einer in allen wichtigen Punkten veränderten gesamtgesellschaftlichen Situation gelangen. Man wird unter dieser Bedingung auch eine Lösung — oder doch zumindest eine weitgehende Verminderung — aller Folgeprobleme des Wertwandlungsschubs erwarten können. Es gilt dies mit völliger Eindeutigkeit für das Verhältnis der Menschen zu den großen Organisationen; es gilt dies aber auch für das Verhältnis der Menschen zur Politik und zum Staat wie auch für ihre Bereitschaft zur Akzeptierung der sozialen Selbstverständlichkeit von Arbeitsdisziplin und Leistungsbereitschaft.

Eine konsequente Wertepolitik wird allerdings der Tatsache Rechnung tragen müssen, daß die vielberufene Informationsgesellschaft bereits heute eine alltäglich spürbare soziologische und sozialpsychologische Realität ist. Eine Fülle von Vorgängen, die sowohl für die Entstehung von Werten wie auch für die Befriedigung von Wertverwirklichungsbedürfnissen bedeutungsvoll sind, verlaufen heute nicht mehr über soziale Handlungszusammenhänge und Rollenausübungen, sondern vielmehr über „kommunikative Stimuli", die den einzelnen im „Massenkommunikationsprozeß" erreichen. Es ist unter diesen Umständen unvermeidlich, daß die Erfordernisse einer wertdynamisch reflektierten Politik auch auf derjenigen Ebene weiterverfolgt werden, die sich hier auftut. Man kann diese Ebene grundsätzlich als die einer symbolischen Politik ansprechen, in welcher sich „Selbstdarstellungen" von politischen Akteuren mit „Argumenten", emotionalen „Appellen", „Wirklichkeitskonstruktionen" und „Agenda-Setting-Effekten" begegnen, wie uns die moderne Medienwirkungsforschung wissen läßt.

Symbolische Politik folgt naturgemäß anderen Gesetzen als eine reale Gestaltungspolitik, welche sich als eine soziale Ordnungspolitik versteht und verhält.

Dennoch stößt man auf Entsprechungen fundamentaler Art, wenn man die Frage stellt, wie eine solche Politik beschaffen sein muß, wenn sie dem Ziel einer Förderung der Wertesynthese folgen will.

Zunächst wird man festzustellen haben, daß auf der Ebene symbolischer, über die Medien vermittelter Politik — insbesondere dann, wenn es sich um staatliche Politik handelt — das Grundpostulat einer „anthropozentrischen" Wertbindung und die Anerkennung der Wertesynthese als ein hochrangiges Politikziel überzeugend zur Darstellung gebracht werden müssen. Die Menschen müssen wissen, daß sie in einem System leben, das sich einem solchen Politikziel verpflichtet fühlt. Die Verknüpfungen zwischen diesem Politikziel und den Einzelaspekten des jeweiligen politischen Gesamtprogramms müssen ihnen einsichtig gemacht werden können. Ein solches Politikziel muß im übrigen auch durch die im Scheinwerferlicht der Öffentlichkeit stehenden *politischen Eliten* gelebt und verkörpert werden, so daß sich Vertrauen in die Ernsthaftigkeit seiner Verfolgung ausbreiten kann.

Hierzu gehört, daß alles vermieden werden muß, was den Verdacht erwecken könnte, die politischen Eliten hätten als zentrale Politikziele nur Selbstbereicherung oder Machterhaltung im Sinn. Grob gesagt heißt dies, daß die politischen Eliten in der Lage sein müssen, den Glauben der Bevölkerung oder zumindest den ihrer Wähler an ihre idealistische Motivation und ihren Willen zum Handeln im Interesse des Menschen als eine Legitimitätsgrundlage durchzusetzen und aufrechtzuerhalten. Eine

Überzeugung von der Intaktheit der *Moral der Politik* gehört zu dieser Vertrauensbasis unabdingbar dazu.

Innerhalb des dadurch geschaffenen Rahmens können und müssen sich dann auch Initiativen politischer Programmentwicklung und -durchsetzung entfalten, mit denen die politischen Eliten ihre *Kompetenz* (lies: ihre Handlungswilligkeit und -fähigkeit) bei der Verfolgung der anthropozentrischen Politikzielsetzung dokumentieren und demonstrieren können.

Es wird weder möglich noch nötig sein, daß die politischen Eliten die uneingeschränkte Verantwortlichkeit für die Erfüllung der jeweiligen gesellschaftlichen Wertverwirklichungsbedürfnisse übernehmen. Würden sie dies tun, so wäre ihr offenkundiges Scheitern früher oder später unvermeidlich, da sie sich hiermit sicherlich übernehmen würden. Die Grenzen dessen, was von der Politik realistischerweise erwartbar ist, müssen vielmehr deutlicher als bisher üblich gezogen und den Menschen ins Bewußtsein gebracht werden.

Auch die Sachzwänge des politischen Handelns müssen den Menschen in einer argumentativ griffigen und einleuchtenden Weise dargebracht werden. Die Politik wird sich hierbei notwendigerweise *dialogisch* zu verhalten haben, also davon Abstand nehmen, rein deklamatorisch und autoritär etwas zu verkünden, was schon entschieden ist. Sie wird in diesem Zusammenhang auch von der liebgewordenen — und auf den ersten Blick so einleuchtend erscheinenden — Gewohnheit Abstand nehmen müssen, den drängenden und öfters „dummen" Fragen von Journalisten gegenüber schlicht auf die noch ausstehenden Beschlüsse „zuständiger Gremien" zu verweisen. Sie wird vielmehr solche Situationen in Zukunft dafür zu nutzen haben, Einsichten in Thematik und Problematik plausibel werden zu lassen, denen man sich bei noch ausstehenden Entscheidungen gegenübersieht und die zur Entscheidung anstehenden Alternativen zu erläutern.

Ein besonderes Problem, das in diesem Zusammenhang angegangen werden muß, stellt die Konkurrenz der Volksparteien um die Wählerstimmen dar, die gegenwärtig so oft mit demagogischen Mitteln ausgetragen wird. Diese Konkurrenz ist keineswegs mehr so selbstverständlich, wie dies aus der Perspektive eines mit gebotener Großzügigkeit urteilenden normativen Demokratieverständnisses erscheinen mag. Das Vordringen der Wechselwähler, die sich gerade auch bei den aktiven Realisten finden, liefert Hinweise dafür, wohin die Tendenz geht: Der Überzeugungswähler wird zunehmend der Vergangenheit angehören; dem Wettbewerbserfolg aufgrund der Vorzeigung besserer Leute, überlegener Situationserfassung und präziserer Problemsicht wie auch vertrauenswürdigerer Problemlösungskompetenz und Folgenverantwortung wird die Zukunft gehören. Der argumentativ ausgerichteten, sprachlich transparenten und auf kommunikationsfreudige Weise sachlichen Selbstdarstellungsfähigkeit wird dabei unvermeidlicherweise eine erstrangige Bedeutung zukommen.

Empirischer Epilog

Die Frage nach der aktuellen Frontlinie der Wertedynamik

Der „Kniefall vor den Fakten" (A. Demandt, 1986) gehört zu denjenigen Besonderheiten, an welchen man den Empiriker erkennt. In Anbetracht der spekulationsfreudigen Weise, in der in den vorangegangenen Teilen dieses Buches der Raum der strengen Daten- und Methodenorientierung verlassen wurde, mag es mehr wie ein Ritual erscheinen, wenn dieser Kniefall am Ende dieses Buches nochmals vollzogen wird.

Nichtsdestoweniger erscheint er aber sowohl vom Gegenstand des Buches wie auch von der in ihm zur Geltung gelangenden Interpretationslinie her gesehen unvermeidlich. Wir haben davon auszugehen, daß die Wertedynamik, mit der wir uns hier beschäftigt haben, kein zeitlich eingrenzbarer Sachverhalt ist, wenngleich der Wertwandlungsschub durchaus als ein zeitgeschichtliches Ereignis verstanden werden kann. Es gibt aber auch kein generelles Schema, das der Wertesynthese zugrunde gelegt werden kann. Wir können zwar feststellen, daß diese Dynamik mit den allgemeineren Tendenzen des gesellschaftlichen Wandels in einer korrelativen Beziehung steht, und man wird von daher einer Theorie des Wertwandels eine Chance einräumen können. Fragt man aber, ob und wie sich aus Erkenntnissen solcher Art Prognosen für die Zukunft ableiten lassen, so steht man sofort wieder vor Ungewißheiten. Zwar lassen sich den Daten, wie betont wurde, Hinweise auf das Wirken einer evolutionären Vernunft abgewinnen, und es erscheint sogar möglich, ein Evolutionsoptimum auszumachen, das sich in einzelnen Sachverhalten des Wertwandels materialisiert. Es wäre aber purer Evolutionismus, wenn wir der Geschichte eine in die Richtung dieses Optimums zielende Gesetzlichkeit vergeben wollten. Daß der Spekulation eine empirische Kontrolle nachgeschickt wird, darf nicht überraschen. Eher hätte der Leser Grund zum Mißtrauen, wenn eine solche Kontrolle nicht versucht werden würde.

Bei der Frage, die uns hierbei leitet, geht es um die *Entwicklung der Wertedynamik bis heute* und insbesondere darum, ob und wie sich in der Entwicklung, die sich seit dem Ende des Wertwandlungsschubs in der zweiten Hälfte der 70er Jahre vollzogen hat, die festgestellten Tendenzen in Richtung einer Wertesynthese fortgesetzt haben.

Was hierüber vorstehend ausgesagt wurde, beschränkte sich im wesentlichen auf die Feststellung von Werteschwankungen. Man kann ihr Auftreten als Anzeichen einer heftigen Fluktuation der Werte interpretieren, die sich im Anschluß an den großen Schub eingestellt hat. Anders ausgedrückt: Es hat sich im Anschluß an dieses einschneidende Ereignis nicht sofort wieder eine Gleichgewichtslage eingestellt, was eigentlich niemanden verwundern sollte. Die Frage ist aber zunächst noch offen, ob sich in Verbindung mit dem Hin- und Herpendeln der Werte nicht vielleicht auch qualitative Veränderungen ergeben. Denken wir an die Prigoginesche Formel „Order from Fluctuation", dann sehen wir, daß Instabilitäten unter Umständen als Übergangszustände verstanden werden können, in denen sich die Entstehung neuer Systemeigenschaften vorbereitet. Insbesondere dann, wenn wir die Frage nach der zukünftigen Entwicklung der Wertesynthese in den Blick nehmen, kann ein solches Gedankenbild als Hypothese von Interesse sein.

Die Grundlage für die nachfolgende kurze Darstellung neuester Ergebnisse der Wertwandlungsforschung bildet ein Forschungsprojekt, das gegenwärtig noch von

W. Herbert in Speyer durchgeführt wird und in dessen Verlauf verschiedene Datenerhebungen erfolgten, welche die Beobachtung des Entwicklungsstands der Wertedynamik in der Bundesrepublik im Zeitraum 1987/88 gestatten. Hier kann dem noch ausstehenden Forschungsbericht nicht vorgegriffen werden; was aber vorweggenommen wird, bewegt sich bewußt auf einer verhältnismäßig allgemeinen Ebene und beabsichtigt nicht mehr als die Wiedergabe von Eindrücken aus den bislang vorliegenden Datenaufbereitungen.

Das gegenwärtige Möglichkeitspotential der Wertesynthese (Forschungsbericht II)

Was auf dem Hintergrund eines in diesem Band immer wieder auftauchenden roten Fadens zunächst mit Nachdruck betont werden soll, ist die Tatsache, daß auch die allerneuesten Daten keinerlei Hinweise auf eine Wertrenaissance liefern. Vielmehr läßt sich feststellen, daß die ordnungsliebenden Konventionalisten weiter im Abschmelzen sind. Auch die politische „Wende" hat also *keine Umkehr der Wertedynamik* herbeigeführt.
Eine ähnliche Negativfeststellung läßt sich andererseits auch für die nonkonformen Idealisten treffen. Ihr Anteil an der Bevölkerung war — auch während des akuten Wertwandlungsschubs — nie sonderlich hoch, und er hat sich bis heute nicht mehr vergrößert. Wir wiederholen uns im Grunde genommen nur, wenn wir aufgrund dessen feststellen, daß sich keine Anzeichen für eine Fortsetzung des Wertwandlungsschubs der 60er und 70er Jahre erkennen lassen.
Dennoch gibt es aber nichtsdestoweniger signifikante *qualitative Veränderungen* gegenüber denjenigen Beobachtungen, die zu Beginn der 80er Jahre getroffen werden konnten, so daß sich in der Tat von einer gerichteten

Fortsetzung der Wertedynamik jenseits bloßer Schwankungsvorgänge sprechen läßt.

Ein entscheidender Punkt dürfte hierbei sein, daß insgesamt gesehen die Zahl der Menschen mit *gemischten Werten* erkennbar zugenommen hat. Wie bereits festgestellt, war diese Zahl auch am Anfang der 80er Jahre schon sehr hoch gewesen. Im gegenwärtigen Augenblick dürfte jedoch die Zahl derer, die sich als Träger reiner Pflicht- und Akzeptanz- oder Selbstentfaltungswerte ansprechen lassen, auf bestenfalls ca. ein Viertel aller Erwachsenen zusammengeschrumpft sein.

Wie schon betont, darf man die „Koexistenz von Werten" keineswegs unbesehen mit einer „Wertesynthese" gleichsetzen; diese Einschränkung gilt auch für den gegenwärtigen Zeitpunkt unverändert weiter.

Nichtsdestoweniger ergeben sich jedoch aufschlußreiche Erkenntnisse, sobald man sich die Frage vorlegt, welche *aktuellen Wertekonstellationen* sich denn eigentlich im großen Mischbottich finden, der sich nunmehr mit vergrößerter Eindeutigkeit inmitten der Wertelandschaft der Bundesrepublik abzeichnet. Neben der uns vorrangig interessierenden Frage nach dem Vorhandensein der Wertesynthese muß uns weiterhin die Frage interessieren, ob es Tendenzen zu einer einheitlichen, d. h. alle gesellschaftlichen Teilgruppen übergreifenden und möglicherweise konsensuellen Zusammenfügung von Werten gibt und wie demgegenüber die auffindbaren Differenzierungslinien beschaffen sind.

Es muß auf dem Hintergrund der zeitweiligen Konfrontationen, die der Wertwandlungsschub mit sich gebracht hat, als eine Überraschung gewertet werden, daß sich in der Tat im neuen Datenmaterial Hinweise auf die Existenz einer offenbar im Anwachsen begriffenen *konsensuellen Wertezone* finden lassen, die im Prinzip alle Bevölkerungsgruppen umfaßt und die eine große Stärke zeigt.

Die Indizien, die in diese Richtung weisen, sind ebenso eindeutig wie eindrucksvoll. Man findet dann, wenn man die in den Erhebungen erfaßten Werte in eine Liste untereinander schreibt und wenn man die ihnen jeweils zukommenden durchschnittlichen Ausprägungsgrade und Standardabweichungen hinzufügt, sehr schnell eine geradezu hervorstechende Gruppe von Werten, die sich durch relativ hohe Mittelwerte und gleichzeitig auch durch relativ niedrige Standardabweichungen auszeichnen, die also tendenziell bei allen Befragten in der Spitzengruppe ihrer Werte stehen. Die konsensuelle Wertezone, der wir auf der Spur sind, findet sich genau im Zentrum derjenigen Werte, die für alle Bevölkerungskreise von besonderer Wichtigkeit sind. So formuliert, klingt die Ergebnisfeststellung schon beinahe tautologisch und trivial, aber sie ist es in Wirklichkeit nicht. Denn daß es eine solche Gruppe von Werten mit einer durchgängigen Spitzenstellung überhaupt gibt, ist keineswegs selbstverständlich. Man hätte sich — rein statistisch argumentiert — auch eine annähernde Gleichverteilung aller Mittelwerte vorstellen können. Auch ein solches Verteilungsbild würde eine konsensuelle Wertezone nicht ausgeschlossen haben. Man hätte sie dann wohl eher im verborgenen suchen müssen.

Betrachtet man diese sich geradezu aufdrängende konsensuelle Zone auf die in ihr vertretenen Werte hin, so stellt sich zunächst eine Enttäuschung ein. Diese Zone wird nämlich konstituiert durch Werte, die sich der Sammelbezeichnung „Harmonie, Unversehrtheit und Kommunikativität" zuordnen lassen. Es stehen hinter dieser Bezeichnung Wertegruppen, die sich auf Familie, Partnerschaft, Gesundheit, Umweltbewußtsein, Freundschaft und Kontaktfreude beziehen. Die einschlägigen „Item"-Vorgaben im Fragebogen lauteten: „Ein gutes Familienleben führen"; „Einen Partner haben, dem man vertrauen kann"; „Gesundheitsbewußt leben"; „Sich unter allen Umständen gesundheitsbewußt verhalten"; „Gute Freunde haben, die einen anerkennen und akzeptieren" und endlich: „Viele Kontakte zu anderen Menschen haben".

Enttäuschen müssen die hier auftretenden Werte insofern, als sie die zentralen Bestandteile der Wertesynthese nicht mit einschließen. Die konsensuelle Wertezone liegt eindeutig zu derjenigen Wertesynthese peripher, die wir ausführlich beschrieben und hervorgehoben haben. Eher legt die hier in Erscheinung tretende Wertekonstellation die Bezugnahme auf die in letzter Zeit öfters apostrophierte „Flucht ins Private" (Piel, 1983) nahe. Man könnte sich zu der Feststellung versucht fühlen, im Zentrum der aktuellen Wertelandschaft der Bundesrepublik stehe ein neo-privatistischer Komplex, der sich mit einer Rückzugs- und Absicherungsmentalität verbinde. Man könnte sogar in Versuchung geraten, noch einen Schritt weiterzugehen und an das von Christopher Lasch (1984) beschriebene „minimal self" anknüpfen, das gewissermaßen die auf den nackten Überlebenswert in einer „Risikogesellschaft" reduzierte menschliche Identität repräsentiert. Von daher gesehen könnte man sich am Ende dazu gedrängt fühlen, in der konsensuellen Wertezone eher eine Tendenz zur Anti-Synthese als zur Synthese zu entdecken. Der Befund wäre somit negativ und problematisch. Die spontane Wertedynamik in der Bundesrepublik stünde bei dieser Betrachtungsweise in der akuten Gefährdung, sich auch weiterhin — und möglicherweise sogar verstärkt — an der Wertesynthese vorbeizuentwickeln.

Der potentielle Problemgehalt des Befundes soll an dieser Stelle keineswegs verdrängt werden, aber er soll und kann auch nicht den Abschlußpunkt der Untersuchung bilden. Es ist zunächst der Glaube an die hier einige Male angesprochene Vernunft der Evolution, der den Analytiker antreibt, unverdrossen weiterzuforschen und sich die Frage vorzulegen, ob das empirische Material nicht vielleicht doch Anhaltspunkte für eine hoffnungsfreudiger stimmende Perspektive vermittelt.

In der Tat ist dies in einem eindeutigen Sinne der Fall. Bei einer Korrelationsanalyse über die Gesamtheit der erfaßten Wertorientierungen hinweg erkennt man sehr schnell, daß die, allein für sich betrachtet, so problematisch anmutende konsensuelle Wertezone in Wirklichkeit keinesfalls isoliert im Werteraum steht, sondern starke *Außenbezüge zu anderen Werten* aufweist, bei deren Berücksichtigung und Einbeziehung man eine wesentlich komplexere Konstellation in den Blick bekommt, die sich dem vorstehend skizzierten Negativbild keineswegs mehr fügen will. Die nachfolgende Korrelationsmatrix läßt dies eindrucksvoll erkennen und erlaubt weitere Schlüsse (siehe Tabelle 6):

Die Korrelationsmatrix läßt zunächst erkennen, daß „Harmonie", „Unversehrtheit" und „Kommunikativität", die Zentren der konsensuellen Wertezone also, erwartungsgemäß eng miteinander verknüpft sind. Es lassen sich aber auf den ersten Blick darüber hinaus verhältnismäßig starke Beziehungen zwischen diesen Wertekomplexen und dem Komplex „Konventionalismus" feststellen, der sich seinerseits aus den Untergruppen „Akzeptanz", „Sicherheitsorientierung" und „konventionelle Leistungsethik" zusammensetzt und somit einen Kernbereich der Pflicht- und Akzeptanzwerte repräsentiert. Auf der anderen Seite ist unübersehbar, daß auch recht gut, teils sogar stark ausgeprägte Beziehungen in Richtung der Wertekomplexe „Autonomie", „Hedonismus", „Selbstentfaltung" und „idealistisches Engagement" bestehen, in denen man unschwer wesentliche Kerne dessen erkennen kann, was wir zusammenfassend als Selbstentfaltungswerte angesprochen haben.

Tabelle 6: Korrelative Zusammenhänge zwischen den jeweiligen Wertkomplexen

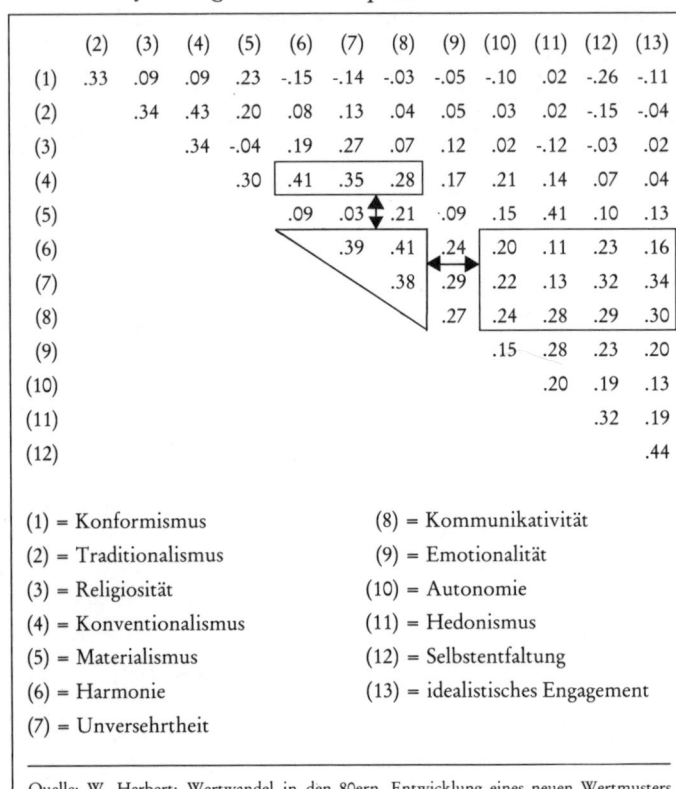

	(2)	(3)	(4)	(5)	(6)	(7)	(8)	(9)	(10)	(11)	(12)	(13)
(1)	.33	.09	.09	.23	-.15	-.14	-.03	-.05	-.10	.02	-.26	-.11
(2)		.34	.43	.20	.08	.13	.04	.05	.03	.02	-.15	-.04
(3)			.34	-.04	.19	.27	.07	.12	.02	-.12	-.03	.02
(4)				.30	.41	.35	.28	.17	.21	.14	.07	.04
(5)					.09	.03	.21	.09	.15	.41	.10	.13
(6)						.39	.41	.24	.20	.11	.23	.16
(7)							.38	.29	.22	.13	.32	.34
(8)								.27	.24	.28	.29	.30
(9)									.15	.28	.23	.20
(10)										.20	.19	.13
(11)											.32	.19
(12)												.44

(1) = Konformismus
(2) = Traditionalismus
(3) = Religiosität
(4) = Konventionalismus
(5) = Materialismus
(6) = Harmonie
(7) = Unversehrtheit

(8) = Kommunikativität
(9) = Emotionalität
(10) = Autonomie
(11) = Hedonismus
(12) = Selbstentfaltung
(13) = idealistisches Engagement

Quelle: W. Herbert: Wertwandel in den 80ern. Entwicklung eines neuen Wertmusters (1988)

Die Umrisse dieses weiter *ausgespannten Beziehungsmusters* weisen also insgesamt gesehen mit unmißverständlicher Eindeutigkeit in Richtung der Wertesynthese, wobei von zusätzlicher Bedeutung ist, daß in der überwiegenden Zahl der Fälle die in Frage kommenden Wertekomplexe gleichzeitig auch verhältnismäßig hoch ausgeprägte Mittelwerte aufweisen, d. h. also in der Bevölke-

rung stark verbreitet sind, wenngleich sie das Spitzen-
niveau der konsensuellen Wertezone nicht erreichen.
Eine Ausnahme macht ausschließlich das idealistische
Engagement (auch: „politisches Engagement"), das eher
schwach ausgeprägt ist. Hiervon abgesehen läßt sich feststellen, daß sich das gesamte Feld der mit der konsensuellen Zone korrelativ verbundenen Werte hinsichtlich seiner Mittelwertausprägungen deutlich von allen übrigen
erfaßten Werten absetzt, die ausnahmslos in der Bevölkerung schwächer ausgebildet sind.

Es läßt sich von daher mit gebotener Zurückhaltung feststellen, daß zumindest die wertdynamischen Grundlagen
der Wertesynthese durch diejenigen spontanen Wertver-
änderungsprozesse, die sich seit dem Wertwandlungsschub bis heute ereignet haben, offenbar eher gefördert
als beeinträchtigt worden sind, so daß sich ein Befund abzeichnet, der das, was über die Ergebnisse des Wertwandlungsschubs selbst gesagt werden mußte, auf eine durchaus positive Weise ergänzt und modifiziert. Die Bevölkerung der Bundesrepublik besitzt unter den gegenwärtigen
Bedingungen ohne jeden Zweifel eine ausgeprägte *Disposition für die Wertesynthese*. Zwar schließt die hervorgeho-
bene Stellung der, allein für sich betrachtet, in der Tat privatistischen Konsenszone die Möglichkeit aus, davon zu
sprechen, die Bevölkerungsmajorität habe die Wertesynthese bereits heute erreicht. Man würde jedoch den Fakten gegenüber eine unangemessen pessimistische Haltung
einnehmen, wenn man das auf die Wertesynthese ver-
weisende enorm starke *Möglichkeitspotential* übersehen
würde, das den Daten abgelauscht werden kann.

Schlußfolgerung und Ausblick

Die Schlußfolgerung, die aus alledem gezogen werden
kann, läßt sich verhältnismäßig eindeutig formulieren:

Die empirische Kontrolle bestätigt die *objektive Möglichkeit* einer die Wertesynthese anzielenden Wertepolitik, und sie macht darüber hinaus zusätzlichen Mut zu einer solchen Politik.

Nochmals muß gesagt werden, daß eine in die Richtung der Wertesynthese zielende Automatik der gesellschaftlichen Entwicklung nicht feststellbar ist. Die Geschichte scheint es aber — im Rahmen ihrer Möglichkeiten — gut mit dem Volk der Deutschen zu meinen. Auf dem Hintergrund aller eingangs skizzierten Wertaufschwünge, Wertabbrüche, Neubeginne und Schübe hat sich — gewissermaßen als Resultante eines komplexen und widerspruchsreichen, teils auch tragischen Geschehens — eine Mentalitätskonstellation entwickelt, die große Möglichkeiten für die Zukunft bereithält.

Dafür, daß sich diese Möglichkeiten von selbst in eine Wirklichkeit umsetzen, spricht nur wenig. Man kann sich vielmehr durchaus eine Zukunft ausdenken, die davon mitgeprägt wird, daß sich — unter ungünstigen Umständen — die privatistische Komponente der gegenwärtigen Konstellation zu einer strukturbestimmenden Dominante entwickelt, die den Wertmustern der Menschen ihren Stempel aufprägt. Einige dieser ungünstigen Umstände können wir gegenwärtig durchaus wirken sehen, andere könnten hinzutreten. Die Zukunft ist also offen, und das heißt: gestaltungsbedürftig. Ob und inwieweit und wie sie gestaltungsfähig ist, konnten wir hier nur in Ansätzen ausloten.

Der Empiriker zieht sich auf seinen Beobachtungsposten zurück. Er nimmt aber die Hoffnung mit, daß die „Macher" das Richtige tun.

Literatur

In der nachfolgenden Liste sind nur solche Titel aufgeführt, deren Autoren im Text mit Jahreszahl erscheinen. Eine systematische Literaturübersicht kann somit nicht beabsichtigt sein. Zahlreichere Hinweise finden sich in: H. Klages: Wertorientierungen im Wandel. Rückblick, Gegenwartsanalyse, Prognosen, Frankfurt a. M. 1985²; weiter in: H. Klages, G. Franz, W. Herbert: Sozialpsychologie der Wohlfahrtsgesellschaft, Frankfurt a. M. 1987.

von Arnim, 1984	Hans Herbert von Arnim: Staatslehre der Bundesrepublik Deutschland, München 1984
Beck, 1986	Ulrich Beck: Risikogesellschaft. Auf dem Weg in eine andere Moderne, Frankfurt a. M. 1986
Bell, 1975	Daniel Bell: Die nachindustrielle Gesellschaft, Frankfurt a. M. 1975
Brezinka und Claußen, 1984	Wolfgang Brezinka und Bernhard Claußen: Wertwandel und Erziehung in der Schule, Hannover 1984
Demandt, 1986	Alexander Demandt: Ungeschehene Geschichte, Göttingen 1986²
Dunckelmann, 1975	Henning Dunckelmann: Lokale Öffentlichkeit. Eine gemeindesoziologische Untersuchung, Stuttgart u. a. 1975
Franz und Herbert, 1986	Gerhard Franz und Willi Herbert: Werte, Bedürfnisse, Handeln: Ansatzpunkte politischer Verhaltenssteuerung, Frankfurt a. M. 1986
Freud, 1986	Sigmund Freud: Der Mann Moses und die monotheistische Religion, in: Kulturtheoretische Schriften, Frankfurt a. M. 1986
Fritsch, 1981	Bruno Fritsch: Wir werden überleben. Orientierungen und Hoffnungen in schwieriger Zeit, München/Wien 1981
Herbert, 1988	Willi Herbert: Wertwandel in den 80ern. Entwicklung eines neuen Wertmusters?, vor der Veröffentlichung in: H. O. Luthe u. H. Meulemann (Hrsg.): Wertwandel — Faktum oder Fiktion, Frankfurt/New York 1988

Hippler, Franz, und Haas, 1988 — internes Arbeitspapier im Rahmen des im „Forschungsinstitut für öffentliche Verwaltung" bei der Hochschule für Verwaltungswissenschaften Speyer durchgeführten Projekts „Führung und Arbeitsmotivation in der öffentlichen Verwaltung", 1988

Kaase, 1988 — Max Kaase: bisher unveröffentlichter Vortrag vor der „Studiengruppe Deutsche Frage" am 23. 6. 1988 in Schloß Auel

Kielmannsegg, 1988 — Graf Peter von Kielmannsegg: bisher unveröffentlichter Vortrag vor der „Studiengruppe Deutsche Frage" am 23. 6. 1988 in Schloß Auel

Kmieciak, 1976 — Peter Kmieciak: Wertstrukturen und Wertwandel in der Bundesrepublik Deutschland, Göttingen 1976

Kohli, 1987 — Martin Kohli: Normalbiographie und Individualität, in: H.-G. Brose/B. Hildenbrand (Hrsg.): Vom Ende des Individuums zur Individualität ohne Ende, Opladen 1987

Lasch, 1984 — Christopher Lasch: The Minimal Self. Psychic Survival in Troubled Times, New York & London 1984

Lipp, 1988 — Wolfgang Lipp: Entinstitutionalisierung. Wie erfaßt man sozialen Verfall (bisher noch unveröffentlichtes Manuskript)

Morsey, 1987 — Rudolf Morsey: Die Bundesrepublik Deutschland. Entstehung und Entwicklung bis 1969, München 1987

Piel, 1983 — Edgar Piel: Die Flucht ins Private, in: E. Noelle-Neumann u. E. Piel (Hrsg.): Allensbacher Jahrbuch der Demoskopie 1978—1983, 1983

Pross, 1982 — Helge Pross: Was ist heute deutsch?, Reinbek bei Hamburg 1982

Rosenstiel und Stengel, 1987 — Lutz von Rosenstiel und Martin Stengel: Identifikationskrise? Zum Engagement in betrieblichen Führungspositionen, Bern/Stuttgart/Toronto 1987

Schimek, 1985   Michael G. Schimek: Legitimierende und delegitimierende Einflüsse auf die Regierungspopularität. Eine Interventionsanalyse der Regierungspopularität der sozial-liberalen Koalition in der Bundesrepublik Deutschland in den Jahren 1970—1981, 1985 (= Speyerer Forschungsberichte 44)

Schmidtchen, 1979   Gerhard Schmidtchen: Was den Deutschen heilig ist. Religiöse und politische Strömungen in der Bundesrepublik Deutschland, München 1979

Schulte, 1984   Werner Schulte: Norm — Sanktion — Umweltgestaltung. Untersuchung zur Verhaltenswirksamkeit normativer und nichtnormativer Maßnahmen im Verkehrssystem, in: Hans Haferkamp (Hrsg.): Wohlfahrtsstaat und soziale Probleme, Opladen 1984

Thomas, 1923   William I. Thomas: The Polish Peasant in Europe and America (mit F. Znaniecki), 5 Bände 1918—1923

Weber, 1985   Max Weber: Wirtschaft und Gesellschaft (= fünfte, revidierte Aufl.), Tübingen 1985

TEXTE + THESEN

LIEFERBARE TITEL

Politik

Arnim, Hans Herbert von
Macht macht erfinderisch
Der Diätenfall: ein politisches Lehrstück
ISBN 3-7201-5214-6 14,-

Fromme, Friedrich K.
Der Parlamentarier — ein Freier Beruf?
ISBN 3-7201-5103-4 12,-

Gysling, Erich
Arabiens Uhren gehen anders
Eigendynamik und Weltpolitik in Nahost
ISBN 3-7201-5149-2 14,-

Heck, Bruno
Vaterland Bundesrepublik?
ISBN 3-7201-5174-3 14,-

Hellmer, Joachim
Anpassung oder Widerstand?
Der Bürger als Souverän —
Grenzen staatlicher Disziplinierung
ISBN 3-7201-5201-4 14,-

Hillgruber, A./Hildebrand, K.
Kalkül zwischen Macht und Ideologie
Der Hitler-Stalin-Pakt:
Parallelen bis heute?
ISBN 3-7201-5125-5 12,-

Höpker, Wolfgang
Aktionsfeld Pazifik
Politik, Wirtschaft, Strategie
ISBN 3-7201-5112-3 12,-

Höpker, Wolfgang
Sozialistische Internationale
Aufschluß über eine unbekannte Größe
ISBN 3-7201-5148-4 14,-

Kirsch, Botho
Westdrall — Ostdrift
Wie selbständig darf deutsche Politik sein?
ISBN 3-7201-5184-0 14,-

Langguth, Gerd
Der grüne Faktor
Von der Bewegung zur Partei?
ISBN 3-7201-5169-7 14,-

Laufer, Heinz
Bürokratisierte Demokratie
ISBN 3-7201-5157-3 14,-

Lendvai, Paul
Das einsame Albanien
Reportage aus dem Land der Skipetaren
ISBN 3-7201-5177-8 14,-

Lendvai, Paul
Das eigenwillige Ungarn
Innenansichten eines Grenzgängers
ISBN 3-7201-5195-6 14,-

Lobkowicz, Nikolaus
Marxismus und Machtergreifung
Der kommunistische Weg zur Herrschaft
ISBN 3-7201-5101-8 12,-

Malunat, Bernd M.
Weltnatur und Staatenwelt
Gefahren unter dem Gesetz der Ökonomie
ISBN 3-7201-5213-8 14,-

Meissner, Boris
Sowjetische Kurskorrekturen
Breshnew und seine Erben
ISBN 3-7201-5168-9 14,-

Oberreuter, Heinrich
Übermacht der Medien
Erstickt die demokratische Kommunikation?
ISBN 3-7201-5144-1 14,-

Oberreuter, Heinrich
**Parteien — zwischen Nestwärme
und Funktionskälte**
ISBN 3-7201-5165-4 14,-

Wirtschaft

Gesellschaft

Kultur/Bildung

Schult, Gerhard
Medienmanager oder Meinungsmacher?
Vom Verwalten zum Stimulieren
Das Beispiel: öffentlich-rechtlicher Rundfunk
ISBN 3-7201-5209-X 14,-

Seel, Wolfgang
Das anstrengende Vorbild
Japan — vom Kindergarten
bis zur Industrieforschung
ISBN 3-7201-5159-X 14,-

Seel, Wolfgang
Bildungs-Egoismus
Alle wollen mehr
ISBN 3-7201-5180-8 14,-

Zec, Peter
Informationsdesign
Die organisierte Kommunikation
ISBN 3-7201-5210-3 14,-

Natur/Umwelt

Eberlein, Gerald L.
Maximierung der Erkenntnisse ohne sozialen Sinn?
Für eine wertbewußte Wissenschaft
ISBN 3-7201-5206-5 14,-

Hammer, Felix
Selbstzensur für Forscher?
Schwerpunkte einer Wissenschaftsethik
ISBN 3-7201-5162-X 14,-

Illies, Joachim
Schöpfung oder Evolution
Ein Naturwissenschaftler
zur Menschwerdung
ISBN 3-7201-5121-2 12,-

Illies, Joachim
Theologie der Sexualität
Die zweifache Herkunft der Liebe
ISBN 3-7201-5135-2 14,-

Langguth, Susanne
Food und Fakten
Wie sicher sind unsere Lebensmittel?
ISBN 3-7201-5189-1 14,-

Maier-Leibnitz, Heinz
An der Grenze zum Neuen
Rollenverteilung zwischen Forschern und
Politikern in der Gesellschaft
ISBN 3-7201-5090-9 9,-

Maier-Leibnitz, Heinz
Der geteilte Plato
Ein Atomphysiker zum Streit
um den Fortschritt
ISBN 3-7201-5138-7 14,-

Maier-Leibnitz, Heinz
Lernschock Tschernobyl
ISBN 3-7201-5191-3 14,-

Mayrhofer, Franz
Warum sind alle unzufrieden?
Massenmensch und Gleichgewicht
ISBN 3-7201-5130-1 12,-

Wulffen, Barbara von
Lichtwende
Vorsorglicher Nachruf auf die Natur
ISBN 3-7201-5178-6 14,-

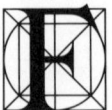

Die Reihe wird fortgesetzt. Fordern Sie Informationsmaterial an.

Verlag A. Fromm, Postfach 19 48, D—4500 Osnabrück
Edition Interfrom, Postfach 50 05, CH—8022 Zürich